I0816455

Historia secreta de mis mejores canciones

BOSÉ

Historia secreta de mis mejores canciones

ESPASA

ÍNDICE

Cada canción de este libro lleva un código QR para escucharla a la vez que lees.

ANATOMÍA SECRETA DE 60 CANCIONES

Me temo que este libro va a romper muchas ilusiones. También historias arraigadas desde hace tiempo. Lo siento. No es mi intención ni la de este recopilatorio. Pero creo que, tras tantos años de licencia, llegó el momento de descifrar los secretos escondidos, esos que he venido guardando en cada una de estas 60 canciones.

Siempre defendí que el valor emocional que disteis a cada una de ellas es el que en verdad manda. El sentido y la interpretación que cada quien les dio. Eso es lo que, a pesar de lo que hoy revele, debe prevalecer y permanecer con vosotros por encima de todo. Prometédmelo. Eso es sagrado.

No vengo a aguar fiestas, vengo a dar claves.

Os propongo abordar este listado como un consultorio no todo obligatorio. Si os apetece de pronto saber más, sobre tal o tal canción, atreveos y abrid la lectura con su personal llave, la que ya tenéis. Será vuestra decisión y, por tanto, no me haré responsable de las consecuencias. Si se rompen sueños o caéis en decepción, no me echéis la culpa. Hubieseis podido perfectamente saltar la página y quedaros como estabais. Eso sí... sin conocer la verdad.

Si no queréis romperle el corazón a los sueños y fantasías de aquellas bandas sonoras de toda una vida, no deis el paso. No os sintáis cobardes, seguro que habrá otro día. Si por el contrario no le teméis a los jarros de agua fría, o si simplemente no sois gatos y morís de curiosidad, girad la página y leed.

Entrad en el maravilloso mundo de mis laberintos, y desvelad lo que nadie sabe. Pero solo si sois valientes.

MIGUEL
BOSE
LINDA

LINDA

1977

Mi libertad

Libertad no me eres nueva
Y recuerdo a duras penas
Que eras mi mayor problema
Mis comidas y mi cena.
Libertad, mi sola amiga
Cuando era un inocente
Y creía que la gente
Era toda amiga mía.
Por la tarde al cine Oriente
Y de noche con María...

Mi libertad...
Me siento un poco un gran traidor
Qué enorme lío es el amor,
Mi libertad.

Libertad de una señora
Que ha pasado la treintena,
Del amor que uno se inventa
Con la Welch a ver si cuela.
Libertad de aquellas chicas
Que me amaron en la escuela,
De una trampa por si picas,
De un catorce en la quiniela.
Libertad te siento lejos
Y la culpa es solo mía...

Mi libertad...
No sabes cuánto me arrepiento
De haberte puesto tantos cuernos,
Mi libertad.

Libertad de los anuncios
De jabones para actrices,
De los tacos, de los dedos
Con que hurgarme las narices.
Libertad de un libro rosa,
De los actos espontáneos,
De consejos y regalos
Que dan en televisión.
Libertad de una mentira
Que no tiene solución.

Mi libertad...
Qué sabes tú si es un error
Caer de lleno en el amor,
Mi libertad.

Mi libertad...
Desde el momento en que me fui
  un claro día
Mi libertad, mi libertad...
Para poder mucho mejor vivir
  mi vida
Mi libertad...
Dieciséis años, conducir sin el carné
Mi libertad, mi libertad...
Hacer lo que te venga bien sin
  un porqué...

OLYMPIC
GOOF

Mi libertad

El libro de *El hijo del Capitán Trueno* ponía punto final con la banda sonora de esta canción, la primera que canté sobre el escenario de *Esta noche... fiesta*, el 26 de abril de 1977. Con la última nota, dejé de ser Miguel y empecé a ser Miguel Bosé para los restos. Es con ella con la que he querido arrancar este viaje, por esta y otras muchas razones que enseguida explicaré.

"Mi libertad" fue el primer texto que escribí del álbum *"LINDA"*. En absoluto el primero de mi vida. Una libre versión de un tema que amaba. Elegí esta canción para liderar el repertorio, no solo por la tremenda admiración que sentía por la obra del gran Claudio Baglioni, sino porque de algún modo resumía las reivindicaciones que abanderaba mi generación.

El Generalísimo Franco había muerto un año y poco antes y España abordaba la famosa Transición. Cerraba una prometedora carrera cinematográfica en Roma y al llegar a Madrid tuve una regresión en el tiempo. La recuerdo perfectamente. De estar a punto de arrancar en Italia una vida de padre de familia y verme imbuido de manera prematura en responsabilidades adultas, a caer de espaldas de lleno y otra vez en una adolescencia inexplicable, la perdida, que la música recuperó, forzó, provocó y puso en su lugar, reseteándome.

"Mi libertad" trata de esas pequeñas necesidades que mis coetáneos e incluso más jóvenes teníamos urgencia en conquistar. Cosas muy sencillas, básicas, inofensivas, pero que de algún modo pretendían significar la ruptura con nuestros mayores, es decir, con la España rancia. Habla de la obsesión que suponía aquella libertad, *"... mi sola amiga cuando era un inocente..."*, la agazapada en los gestos más cotidianos, los de la escuela, los del ámbito familiar.

Publicaba mi pasión por Raquel Welch que encontraba en el texto varios momentos de confesión, como en el de *"... libertad de los anuncios de jabones para actrices...",* los de Lux, los que ella, mi diosa de caderas salvajes, protagonizaba. Pasión como la que me despertaban en general las mujeres pasando la treintena.

Aparece también aquel nostálgico *"catorce en la quiniela",* un premio multimillonario semanal, ligado a los aciertos en los partidos de fútbol, que por entonces suponía una fortuna, y que para un joven como yo hubiese significado la emancipación. Costumbres...

"Libertad... de los tacos, de los dedos con que hurgarme las narices...", dos de los tabúes que había que derribar de una vez por todas y para siempre. Hartos estábamos de aquellas frases como, «niño, no te metas el dedo en la nariz que te va a salir petróleo» o «te voy a lavar la boca con jabón como digas palabrotas». Nos parecían, superada la barrera de los quince, dos humillaciones insoportables que nos degradaban a la altura de renacuajo. Todo lo ligado a la secular mala educación, al conservar las apariencias, al qué dirán, eran demonios que había que desterrar. Impedían el progreso. Ser modernos consistía en ser revolucionarios. Y mientras que los mayores se lanzaban a las calles enarbolando pancartas en constantes y solapadas manifestaciones, nosotros hacíamos las nuestras en cada metro cuadrado de nuestras casas. No a la tradición, no a las formas, ese era nuestro lema para poner fin a tanta hipocresía. Y si no se conseguía, no cabían quejas, no había que ir muy lejos para dar con el culpable:

"Libertad te siento lejos y la culpa es solo mía...". Punto.

Hacer todo aquello que no se hacía o estaba prohibido hacer era libertad, era nuestra cruzada, nuestra meta.

Conducir sin el carné era libertad; tener actos espontáneos de los que nunca más arrepentirse era libertad; leer una novela rosa, una de Corín Tellado, era libertad; dejarse caer de lleno en el amor sin importar las consecuencias era libertad; hacer lo que a uno le viniese bien sin un porqué era libertad; la que, por ejemplo, sentían aquellas chicas que te amaban en la escuela y que por fin lo hacían sin tapujos, compartiendo el corazón de la aventura con sus amigas, cuando la picardía era el rubor de los inocentes, cuando ir al *"cine Oriente..."* a solas, y después al caer la noche, entrelazar abrazos con María sin tener que dar explicaciones, eso era libertad, nuestra libertad, y empezábamos a respirarla.

La libertad de la que hablábamos, la que reivindicábamos, no era sino la conquista de la normalidad, la de una existencia relajada. Aquella libertad era lo contrario al pecado. Y era de una candidez alarmante, mansa y pacífica. *"Libertad de una mentira que no tiene solución..."*. ¿Y por qué no la tenía? Simplemente porque mentir dejó de acarrearnos culpa. Y porque, ¡qué coño!, no había que buscarle los tres pies al gato. Así de determinados estábamos en dejar atrás la historia, la de nuestros tarados padres, y empezar a vivir la nuestra bajo nuestras reglas y con nuestras condiciones. Así que de inmediato nos calzamos unos vaqueros Levi's ajustados al máximo, unas deportivas Victoria a ras de suelo, una camiseta blanca *Fruit of the Loom* de manga corta remangada, y tal vez un paliacate mexicano de color rojo, atado al cuello o emboscado en el bolsillo trasero del pantalón, y a la calle, a explorar a pulso los nuevos aires de libertad.

Pero donde más queda patente la declaración de libertad es en el modo de escribir el texto. En la época, las canciones estaban divididas en dos estrofas máximo, tal vez un puente musical y un estribillo, siempre el mismo, que se repetía hasta la saciedad. Este texto no seguía esas normas. Las estrofas eran tres, todas ellas libres en su rima, los estribillos todos diferentes entre sí, no se repetían, y el cierre abierto, trenzando respuestas de canto, algo muy osado para aquellos tiempos. Además, el vocabulario usado obviaba las reglas del buen decir, utilizando palabras y expresiones muy coloquiales, muy de la calle, nada adecuadas a la escritura musical de los grandes ídolos del momento, Raphael, Camilo Sesto o Julio Iglesias. Dejaba clara la intención de romper moldes y de iniciar un nuevo estilo, uno moderno, audaz, espontáneo y desenfadado, en el que los adolescentes pudiesen reconocerse, identificarse.

"Mi libertad" se convirtió en el decálogo, en el himno de una nueva generación, de la que el recién estrenado Miguel Bosé era su bandera.

"No sabes cuánto me arrepiento de haberte puesto tantos cuernos, mi libertad...".

MIGUEL BOSÉ
CHICAS!

CHICAS

1979

Creo en ti

Creo en ti
Sin cegarme ni ponerte exclamación
Como en el buen humor, creo en ti
Como creo que la unión hace la fuerza
Creo y soy para el mar y del mar,
Creo en ti.

Creo en ti
Y tu ausencia pasa a ser mi eternidad
Tu silencio mi paz
Tu recuerdo, mi motor
Y a pesar de todo creo en ti.

Creo en ti
Como el águila en sus alas al volar
Como en la libertad, creo y sé
Que mi mundo cabe todo en un bolsillo
Ámalo y por siempre hazme que
Crea en ti.

Creo en ti
Como el sol que cree en cada
amanecer
Como en mi evolución
Como el miedo en el valor
Creo en ti, mi estrella, creo en ti.

Creo en ti
Y tu ausencia pasa a ser mi
eternidad
Tu silencio mi paz
Tu recuerdo, mi motor
Y a pesar de todo creo en ti.

Creo en ti

Con el tema *"Anna"* del segundo álbum, mi carrera internacional se disparó. Italia mi segunda patria, lideró aquel furor. Como resultado de ello, la promoción se multiplicó por diez y los viajes fueron incesantes. Europa casi entera tenía que ser atendida y entre concierto y concierto, enviados especiales de las revistas musicales juveniles de Suecia, Alemania, Estados Unidos, Canadá, Australia, y sobre todo Japón, demandaban todo tipo de reportajes fotográficos y entrevistas de reserva para poder cubrir varios números de sus publicaciones. Comía mal, dormía poco, y con esa inmortalidad que a los muy jóvenes parecía blindarnos de todo, afronté todas y cada una de las peticiones, siempre cargado de buen humor y sonrisas. Resultado... caí enfermo de una virulenta hepatitis que me obligó a quedarme en cama durante seis meses, seis largos y desesperantes meses. A las puertas de grabar el álbum *"CHICAS"*, el que incluye este tema, *"Creo en ti"*, tuve que suspender toda actividad y entrar en régimen estricto de comidas y descanso. No quedaba otra.

Encamado, entre escucha diurna de óperas clásicas, dietas al vapor sin sal, ataques de sueño repentinos y psicofonías nocturnas en las que perseguía grabar voces de algún alma perdida o fantasma que transitase por la casa, escribí las letras del disco.

"Creo en ti" es una oración. Pero no dirigida a Dios o a algún santo milagroso que me curase de pronto la terrible enfermedad que durante semanas no se movió de su cuenta de transaminasas —amenazando así la cronicidad, algo que me mataba de miedo y que olía a fin de carrera—, no. Es una oración dirigida a mi personal voluntad para superar los embates, a mi fuerza y determinación, a mi capacidad de darle la vuelta a las cosas más terribles al pensamiento positivo. Es simple, directa y eficaz, como toda oración manda. Tiene sus guiños envueltos en una cierta lírica.

Frases como *"creo que la unión hace la fuerza, creo y soy para el mar y del mar...",* apelan a ese estado de paz y necesidad de sentirse UNO con el TODO, para recabar fuerzas y saberme inquebrantable. *"Y tu ausencia pasa a ser mi eternidad, tu silencio mi paz, tu recuerdo, mi motor...",* o la inmensidad del espacio interior en el que tanto solía adentrarme y aún sigo soliendo, para recogerme y conectar con la esencia de los valores más puros. En aquella época ya cumplía casi siete años de meditación. A los dieciséis empecé a tomar clases nocturnas de yoga —no había más horario a disposición— y recuerdo que supuso el descubrimiento de un mundo revolucionario que habría de enraizar y potenciarse hasta los actuales días. Al igual que lo fue entonces, hoy sigue siendo mi refugio más importante, el más fiable. *"Creo en ti, como el águila en sus alas al volar...",* el vuelo como desprendimiento del cuerpo físico y de todo lo material, en la seguridad que en las alturas siente el águila llevada y sujetada por sus alas que nunca le fallan y en las que no tiene que pensar. Creer en mí, como en la libertad. De eso se trataba, de que nadie te la da y que solo en uno está, si en verdad la deseas y crees a ciegas. Saber que uno puede irse mañana mismo o al siguiente segundo, porque nada tiene uno, porque todo lo que posee *"... cabe todo en un bolsillo...".* Creer en sí mismo y decretarlo cada mañana, renovándolo en cada amanecer, creer sin dejar de creer, al igual que uno cree en su propia evolución, la que nos hace caminar con entusiasmo, *"... como el miedo en el valor...",* ese que teme al coraje.

Tras muchos bocetos, muchas estrofas y tres veces más opciones de las necesarias de estribillo escritos, recuerdo haber caído profundamente dormido, preso del ansia y entre sudores.

Durante el sueño me vi como un águila, volando por encima del mar, oteando montañas costeras y bosques frondosos que llegaban a ras de pique de acantilados. En pleno vuelo podía oír los latidos de mi corazón y una fuerza inmensa que controlaba mis alas.

Recuerdo no pesar. En el horizonte el alba rayaba. El sol amanecía y los colores eran tibios y serenos. De pronto, una voz se oyó que me dijo: «Vas a estar bien... tienes mucho camino por delante... solo ten paciencia y haz lo que te mande el corazón... escucha solo a tu corazón». De repente un viento muy fuerte se puso a soplar y empecé a caer en picado. No había pánico, solo una sensación muy placentera y en el pecho algo comenzó a arderme con mucha fuerza. Desperté. Repasé el sueño durante unos minutos, luego tomé el lápiz y el cuaderno, y de un tirón el texto de la canción salió rodado, de un tirón.

Hoy aún, en momentos difíciles, suelo traerla a mi cabeza y recitármela. Es una oración que aún me funciona.

"Creo en ti, mi estrella, creo en ti...".

"Creo en ti" es, junto con *"Teorema", "Morir de amor"* y *"Señor padre",* una maravillosa habanera con texto dedicado a mi padre, la cuadriga de canciones que escribí con música del gran José Luis Perales.

Super Superman

Super Superman
Don't you understand we love you?
Super Superman
Don't you know you are my hero?
Knock'em dead!
Superman!
Knock'em dead!
I'll tell you how to hit the beat
Superman!

Super Superman
Can't you see I am your first fan?
Teach me how to fight
I'll tell you how to dance
Zit all right?
Knock'em dead!
Superman!
Knock'em dead!
I'll tell you how to hit the beat
Superman!

Come to '54
Pick me up before it's midnight
Super Superman
How d'you feel among the young men?

Superdancing
Supermoving
Supertouching
Superloving

Come up to '54
You Superman!

BUSSOLADOMAN
SABATO 31 Maggio
ore 22
PRIMAMONDIALE
APERTA LA
Coca-Cola

Super Superman

Dudo mucho que de entre todos los millones de personas que en su momento bailaron y cantaron esta canción a rabiar, alguno se enterase en realidad de lo que estaba proclamando. Lo dudo. Me harté de intentar explicarlo, pero nadie atendía...

El *"Super Superman"* de esta historia era mucho más que el Superman de los cómics. Era él, sí, pero tenía más poderes, entre otros el de mezclarse con la gente, el de bajar a bailar al mítico Estudio 54 de Nueva York, y sobre todo el de ser gay. *"Super Superman, how d'you feel among the young men?..."*, traducido en: Super Superman, ¿cómo te sientes entre los chicos jóvenes?, en el Estudio 54, *"Superdancing, Supermoving, Supertouching, Superloving..."*, Superbailando, Supermoviéndote, Supertocando, Superamando... Quizá el hecho de que fuese cantada en inglés daba licencia al juego, o a no hacerse el «entendido». En aquellos tiempos, cuando nos referíamos a alguien que era gay, decíamos que tal o tal persona «entendía».

Así que antes de darme cuenta puse a bailar a medio mundo en compañía de mi héroe

de entonces, al que le confesaba mi devoción y el amor de todos los jóvenes,

al que a cambio de que me enseñase a pelear yo le enseñaría a bailar, a «golpear el ritmo» en las más famosas pistas de baile, si pasaba a recogerme antes de la medianoche y me llevaba en volandas al Estudio 54. Básicamente era eso, y el todo venía aderezado por unos arreglos divertidos, irresistibles, que ponían en movimiento al esqueleto más lacio. La pegadiza coreografía de Carmen Senra fue decisiva y el *grand jeté en l'air* de Nacho Duato en el programa de TVE, *Aplauso,* dio la vuelta al mundo clavándose en las retinas de la memoria, y de paso, desplazándome para los restos como bailarín, ante el portento elástico de Duato. Y por supuesto, la camiseta azul Superman y el logo triangular en rojo y amarillo con la «S» inicial, era de rigor.

Muchos se preguntarán el porqué del texto en inglés... Bueno, hubo una grabación en versión española también, que fue publicada en paralelo, pero la inglesa fue la que enganchó, la definitiva.

¿Tal vez porque la música bailable tenía que ser cantada en idioma sajón o porque en inglés era más musical o más cercano al personaje?

El caso es que de todos modos, cualquier disco que grabase, a partir de *"CHICAS",* solí hacerlo al menos en tres lenguas, español, italiano e inglés, un trabajo titánico. Con eso quedaban cubiertas las necesidades de los mercados más importantes, no hacía falta más. El español iba destinado a los territorios latinos, las tres Américas, norte, centro, sur y parte de Estados Unidos, además de Filipinas. El italiano cubría Italia, que durante las décadas de los setenta y ochenta era un

mercado potentísimo, cuatro veces el de España, sumando a Alemania y Canadá, dadas las inmensas poblaciones emigrantes de aquellos países, y el inglés para el resto del mundo. Poco tiempo más tarde se añadiría el portugués para Brasil. Portugal compraba en español.

Aquí os dejo el texto en español que cantaba así...

Super Superman
Todo el mundo aquí te quiere
Super Superman
Siempre vas a ser mi héroe
¡Pégale!
¡Superman!
¡Pégale!
¡Enséñame a dejarle K.O.
Superman!

Super Superman
Nuestro mito, nuestro ejemplo
¿A qué gimnasio vas?
¿Dime cuál es tu secreto?
¡Pégale!
¡Superman!
¡Pégale!
¡Enséñame a dejarle K.O.
Superman!

Vamos a bailar
Hay que divertirse un poco
Super Superman
Supermacho ¡ya eres nuestro!

Superbaila
Supertoca
Supermueve
Superama

¡Deja ya de volar
Hey Superman!

Mmmmmmm...

¿De verdad que no quedaba claro?

Miguel

MIGUEL

1980

Te amaré

Con la paz de las montañas, te amaré
Con locura y equilibrio, te amaré
Con la rabia de mis años
Como me enseñaste a hacer
Con un grito en carne viva, te amaré.

En silencio y en secreto, te amaré
Arriesgando en lo prohibido, te amaré
En lo falso y en lo cierto
Con el corazón abierto
Por ser algo no perfecto, te amaré.

Te amaré, te amaré
Como no está permitido
Te amaré, te amaré
Como nunca se ha sabido
Porque así lo he decidido, te amaré.

Por ponerte algún ejemplo, te diré
Que aunque tengas manos frías, te amaré
Con tu mala ortografía
Y tu no saber perder
Con defectos y manías, te amaré.

Te amaré, te amaré
Porque fuiste algo importante
Te amaré, te amaré
Cuando ya no estés presente
Seguirás siendo costumbre y te amaré.

Al caer de cada noche, esperaré
A que seas luna llena y te amaré
Y a pesar de pocos restos
En señal de lo que fue
Seguirás cerca y muy dentro y te amaré.

Te amaré, te amaré
A golpe de recuerdo
Te amaré, te amaré
Hasta el último momento
A pesar de todo siempre
Te amaré.

Te amaré

Nunca he vuelto a escribir ningún texto de amor a la vez tan sencillo y tan poderoso. Y hoy, tras varios intentos tardíos por tratar de emularlo, soy consciente con absoluta certeza de que jamás volveré a escribir nada igual o que le llegue a la altura de la suela de sus zapatos. He podido hacer muchos otros, con tonos diferentes, excepcionalmente bellos e inspirados, a su vez insuperables en otros aspectos, llenos de poesía y de las emociones más sublimes. Pero como este, no.

"Te amaré" es perfecto. Tiene la dosis exacta de todo lo que un poema de amor ha de tener y lo tiene en toda su potencia. Repasando y preguntándome el porqué de su eficacia, creo haber llegado a una respuesta convincente: hay que tener veinte años para poder escribir algo semejante. A esa edad y en aquellos tiempos, los veinte años aún conservaban mucha pureza y las experiencias en el amor no habían tenido efectos devastadores. No aún. Es un texto que carece de malicia, que rezuma candidez. Pero sobre todo está escrito desde el corazón. Ahí, todavía hasta la fecha, habitan todas y cada una de las palabras, los mismos sentimientos y deseos. Es una carta de amor que tras sellarla puse en las alas del correo de los vientos, sin destinatario, para que llegase a la mayor gente posible. Es un voto a pie de altar, una promesa pasada, presente y futura. Es un juramento eterno.

Juro amarte con una paz inmensa, infinita. Como mis ojos alcanzan a ver el infinito perderse en la Naturaleza. Y te amaré hasta el límite del dolor físico, tal y como tú me enseñaste a hacerlo.

Juro amarte sin que nadie lo sepa, discretamente, en la más absoluta clandestinidad si hiciera falta, amarte como no está escrito ni se conoce forma, con el corazón en el altar de los juicios, porque ese es mi fin, mi proyecto, y a él me entrego con devoción.

Juro amarte con todo, adorando el conjunto de tus imperfecciones y de tus pequeños desastres, esos que te hacen sublime, adorable, los que de ti me seducen. Y cuando me dejes o porque el tiempo se nos acabe, juro amarte.

Juro amarte y esperar a que en la noche te renueves y resuelvas en luna llena para poder sentir todo lo que de ti en mí sigue y seguirá vivo, latiendo.

Juro amarte entonces. Juro amarte desde ayer hasta en el hoy del siempre.

Como decía, *"Te amaré"* es una promesa de amor eterno sin tiempo. Es un pacto de entrega absoluta más allá del alma y del cuerpo. Es puro amor. Esta carta que le escribí a nadie en concreto funciona con quien sea, exactamente por esa razón, porque solo lleva el nombre del remitente en el dorso del sobre, el mío, y no va dirigida a nadie en concreto. No lleva calle, ni ciudad ni país, no exige datos de identidad. Es universal. Quien sea que en su momento la recibiera, abriría esa carta y leería un mensaje que de inmediato le perforaría el corazón y se instalaría en él para los restos. Y me consta que así sigue siendo. Despierta las memorias. Desde hace ya más de cuarenta años la gente sigue haciéndola suya, personalizándola y sintiéndola a su manera, como por encargo o a demanda. Y cada vez que vuelva a leerla, volverá a sentir lo que en el momento de cada lectura necesite sentir. De mes en mes, de año en año y década tras década, se renueva con la fuerza del misterio de la eterna juventud.

Se ha especulado mucho sobre a quién dediqué este poema. Que si a mi primer amor, que si a aquella novia que me dejó a pie de altar, que si a un hijo que nunca nació. La apuesta que más resonó, la de mi madre. Nada más lejos, nada menos acertado. Pero en todas y cada una de esas teorías intuyo una necesidad de personal fantasía que propongo no sea rota, porque de igual modo podría ser válida.

¿La verdad? Esta canción la escribí para ti.

Morir de amor

¿Qué es morir de amor,
Morir de amor por dentro?
Es quedarme sin tu luz,
Es perderte en un momento.

Cómo puedo yo decirte que lo siento
Que tu ausencia es mi dolor
Que yo sin tu amor... me muero.

Morir de amor
Despacio y en silencio sin saber
Si todo lo que he dado te llegó a tiempo.
Morir de amor
Que no morirse solo en desamor
Y no tener un nombre que decirle al viento.

Yo no sé muy bien
Qué es lo que está pasando
Tengo seco el corazón
Y es de haber llorado tanto.

No me quedan más
Que dos o tres recuerdos,
Una carta, alguna flor
Un adiós muy corto y un te quiero.

Morir de amor
Despacio y en silencio sin saber
Si todo lo que he dado te llegó a tiempo.
Morir de amor
Que no morirse solo en desamor
Y no tener un nombre que decirle al viento.

Morir de amor

No eran buenos tiempos para mi corazón, y recuerdo que no se me ocurrió mejor idea que enfoscarme en largas y lánguidas horas de poesía, lo que acabó por lacerarme más. También es cierto que tras haber saciado mi lástima y terminando el texto de *"Morir de amor"*, pasé a otras cosas, a otros estados más livianos. La escritura, ya se sabe, es una tremenda terapia y un escape hacia otras realidades que siempre funciona, nunca decepciona.

Como os decía, no corrían buenos tiempos para mi corazón, que acababa de dejar atrás, no sabía bien si con firme intención o por capricho y cobardía, una historia de amor y danza en tierras de Manhattan. Algo tan deseado, tan ansiado y tan querido, tan trabajado y calibrado durante tanto tiempo, quedaba suspendido en el aire de Nueva York, y por mucho que mirase atrás, el cuello no daba más de sí. Hui de aquel amor que pudo haber sido más, mucho más, tal vez todo, y que voluntariamente dejé en la incógnita de cuánto más. Al segundo de darle la espalda, bajo aquella incesante nieve, en la cuesta de una calle de los alrededores lúgubres de Columbus, no sé si tomé una buena decisión, pero me fui. Cada paso se plagaba de preguntas, todas ellas con dos respuestas de igual peso. Una me daba la razón, me afirmaba y daba alas, la otra me las quitaba y con ella, argumentos y fuerzas. El caso es que mi corazón quedó hecho pedazos y yo con él. Volviendo a Madrid, afronté la escritura de los textos del álbum *"MIGUEL"*, el de la portada amarilla, vistiendo traje de luces, el de la consagración. Y la primera canción que ataqué, por peso del alma y estado piltrafa, fue *"Morir de amor".* Fue el título lo que primero me resonó en mente y de ahí, tirando y tirando del cordón, nació el resto.

"Morir de amor" es un poema romántico. Es una declaración de amor a tormenta pasada y perdida, llena de preguntas. *"¿Qué es morir de amor, morir de amor por dentro?...",* no solo aparentemente, en lo que la gente pueda ver, no, sino por dentro, en lo que nadie puede notar o percibir, ¿qué es eso, qué se siente ahí? Bueno, las respuestas son tan sencillas como contundentes, *"... es quedarme sin tu luz, es perderte en un momento...",* como si de repente todo se apagase, todo dejase de existir, nada brillase dentro de uno. Tú, mi amor, mi faro, mi guía en la oscuridad, de pronto y en un momento dejas de brillar. Es la muerte. Luego llega el arrepentimiento, *"... cómo puedo yo decirte que lo siento, que tu ausencia es mi dolor, que yo sin tu amor me muero...".* Pero ya es demasiado tarde. Y es cierto que el arrepentimiento siempre llega tarde a todo. Si a uno le diese tiempo a rectificar, el arrepentirse de algo probablemente no existiría. Duele llegar tarde o no haber llegado a tiempo. Si a eso le añadimos un *"... tengo seco el corazón y es de haber llorado tanto...",* las esperanzas de recuperarse a corto plazo son muy pocas. Solo queda agarrarse a los contados recuerdos que a uno le quedan, *"una carta",* tal vez la primera, una importante por su significado, muy arrugada y desgastada por la lectura, *"alguna flor",* marchita y deshilachada, dentro de la carta, *"un adiós muy corto",* frío, en el umbral de la casa que compartimos, escurridizo, evitando discursos largos, *"y un te quiero",* el cuarto elemento, el que no se desgastará nunca, el que resuene en la memoria y resuma lo que durante un tiempo sentí por ti. La verdad resuelta en dos palabras y ocho letras eternas.

Voy a *"morir de amor"* por ti, *"despacio y en silencio",* lejos de ti, de lo que hemos sido o pudimos ser, *"sin saber si todo lo que he dado te llegó a tiempo",* pero seguro de lo que te contaron cada uno de los abrazos que te di, de las historias encerradas en cada uno de mis besos en todas y cada una de las noches que pasamos juntos, que te llegaron cargadas de amor, de eso sí que estoy cierto. Voy a *"morir de amor"* por ti y contigo, lo que es muy diferente a *"que no morirse solo en desamor",* porque desamor jamás hubo, vive Dios que aún puedo sentir mi amor vivo y latiendo como desde el primer día, aunque ya no deba o no pueda o no quiera ser, *"y no tener un nombre que decirle al viento",* el tuyo, así como el mío, dos nombres en uno para alegrar la voz del viento.

Voy a ganar

Toda mi existencia para verme
convertido en un buen corredor
Toda mi paciencia día a día
para hacerme cada vez mejor
Ser tercero es perder
Ser segundo no es igual
Que llegar en un primer lugar.

Voy a ganar, voy a ganar
Voy a matarme por llegar
Voy a ganar, voy a ganar
Voy a matarme por llegar
Voy a ganar, voy a ganar
Voy a poderlo demostrar
Voy a ganar, voy a ganar
Voy a poderlo demostrar
¡Y a ganar!

Tanto sacrificio, tanta rabia,
tanto esfuerzo para ver qué soy
¿Qué fuerza me empuja y me pone
en liderato de competición?
Ser tercero es perder
Ser segundo no es igual
Que llegar en un primer lugar.

Voy a ganar, voy a ganar
Voy a matarme por llegar
Voy a ganar, voy a ganar
Voy a matarme por llegar
Un poco más, un poco más
Voy a matarme por llegar
Un poco más, un poco más
Un poco más y... ¡soy el as!

Voy a ganar

Sigue imborrable y muy viva la imagen de aquel febrero de 1982 en Viña del Mar. Mi primera vez en el Festival de Viña del Mar, Chile, ante el público de una Quinta Vergara abarrotando el recinto hasta la cresta de los eucaliptos que lo coronaban. Su olor, mezclándose al de las miles y miles de antorchas de papel periódico quemado, llegaba a ráfagas intensas sobre el escenario, iluminándolo con fuego. *"Voy a ganar"*, el éxito del momento en el continente, abría el espectáculo y encendía con gritos y pasiones al *Monstruo de Viña* —así se conocía a la Quinta por aquel entonces—, descartándome de inmediato como potencial víctima del sacrificio, el que cada noche requería, elegido por el público entre uno de sus participantes. Aquella vez le tocó a los *Four Tops*. El tan esperado ídolo de juventudes de Europa había superado la prueba. Vestido de casaca militar roja *new romantic* abotonada en oro, mallas de licra a tono, paliacate rojo atado en frente, pelo parado y polainas negras de piel, amarradas por machos blancos al caer de rodilla, en riguroso directo retransmitido de norte a sur del continente americano, *"Voy a ganar"* mató. A partir de ese momento mi carrera en las Américas fue como un cohete. Esa era la fuerza que tenía el Festival de Viña del Mar de Chile. De un solo golpe, o te convertías en una estrella, o te estrellabas. Para siempre.

La versión en inglés estaba arrasando en Europa, y en Italia en especial, ya que la música era del gran Toto Cutugno, y en Italia, lo italiano es defendido y admirado por encima de todas las cosas. Pero en el continente latinoamericano el tema fue recibido como una intención de superación, y en el Chile de Pinochet, como un himno de reivindicaciones que en boca de los jóvenes tomaba una especial intención, fuerza y sentido.

En el momento de escribirlo mi carrera estaba en cotas altísimas y vivía bajo una terrible y constante presión. La CBS, mi casa discográfica, me había renovado el contrato, uno mucho más leonino que el anterior, a ser posible, pero elevándome el estatus.

Dejé de ser propiedad española para incorporarme al catálogo de los artistas internacionales, con los mismos derechos, a saber, entre otros, la obligación de lanzamiento simultáneo en todos los mercados a nivel mundial con presupuestos para grabaciones y campañas de marketing bestiales, algo de lo cual la actual industria ni consigue imaginar.

La contrapartida suponía una retahíla de exigencias agotadoras, durísimas. Viajes sin tregua, promociones interminables y grabaciones de cada álbum, en mi caso en cinco idiomas: español, italiano, francés, portugués e inglés. Pero hubo también extras en alemán e intentos fallidos de japonés. Al parecer mi acento en ese idioma les resultaba muy agresivo, casi ofensivo. Mi dirección artística dejó de estar en Madrid y se trasladó a Londres para Europa y Nueva York para el continente americano. Ahí empezó el comienzo de la gran crisis que culminaría dos álbumes más tarde. Pero volviendo a lo nuestro...

"Voy a ganar" era un grito lleno de rabia para contarle al mundo que a pesar del peso con el que se me había cargado, a pesar de las responsabilidades que cada mañana debía afrontar, por mi vida misma que no solo iba a a estar a la altura, iba a superar con creces todas las expectativas en mí puestas. No se trataba de conformarse con el cobre de un tercer puesto, mucho menos aceptar ser el digno segundo que conquista la plata, eso nunca.

Se trataba de ganar la medalla de oro en todas las modalidades, de ser el número uno en todo.

Estaba en dar los mejores conciertos con el mejor espectáculo, en vender más discos que nadie entre los artistas de mi generación, en ganar todos los premios habidos y por haber, en ser número uno constante en todas las listas de éxitos de todos los mercados con cada uno de mis *singles* y en todos los territorios. Ser un campeón, ser admirado, ser admirable, ser envidiado, ser envidiable. No estaba dispuesto a aceptar nada menor, no me había metido en esto para ser un segundón o menos. No estaba por la labor y no lo estuve. Durante todos y cada uno de aquellos años me reté con la intención de ver y de saber quién era y hasta dónde llegaban mis capacidades. Cumplí con mi intención y propósito, y conseguí lo que en la canción *"Voy a ganar"* anunciaba, ¡SER EL AS!

La fuerza y el arrojo de mi genética tuvieron muchísimo que ver en el acometido de aquella titánica empresa, era una fuerza que me venía dada por pura Naturaleza. La carencia de miedo en el afrontar los retos me hacía sentir casi inmortal. Pero lo más decisivo, lo determinante, fue el pacto que sellé conmigo mismo. Ese que te pone en liza, en competencia con tus principios y valores. Ese que no te permite fallar, que no te deja fallar, que no puede fallarte. O de fallar, todo hubiese fallado. Ese fue el espíritu de *"Voy a ganar"*, el que rezumaba de la letra y de sus arreglos épicos de Olimpiadas.

Pero el precio a pagar fue ALTÍSIMO...

Don Diablo

Don Diablo se ha escapado
Tú no sabes la que ha armado
Ten cuidado yo lo digo por si...
Anda por rincones y se esconde
  en los cajones
De la presa que decida conseguir.

Seguir... si sigue así
  yo se lo voy a decir
Que te cante ¡ay, mi niña!
Cómo gozo cuando guiñas
Yo quisiera darte un beso chiquitín
Con un swing por aquí y por allí
Un beso chiquitín con un swing, ¡sí!
Un beso chiquitín con un swing.

Te agarra muy suavemente
Te acaba en un pispás
No tiene moral y es difícil de saciar
Te gusta y todo lo das.

Don Diablo que es muy cuco
Siempre sale con el truco
Del futuro colorado colorín
Y si acaso cedes usará sus mil placeres
Para ver cómo te puede conseguir.

Seguir... si sigue así
  yo se lo voy a decir
Que te cante ¡ay, mi niña!
Cómo gozo cuando guiñas
Yo quisiera darte un beso chiquitín
Con un swing por aquí y por allí
Un beso chiquitín con un swing, ¡sí!
Un beso chiquitín con un swing.

Te agarra muy suavemente
Te acaba en un pispás
No tiene moral y es difícil de saciar
Te gusta y todo lo das.

... Dos, tres, cuatro, cinco, seis, siete,
  ocho, nueve, diez, once, doce...

Don Diablo se perfuma
Y se afeita con espuma
Es un zorro al que le gusta presumir
Su encanto poco a poco
  a cualquiera vuelve loco
Reza y pide si te empieza
  a perseguir.

Seguir... si sigue así
  yo se lo voy a decir
Que te cante ¡ay, mi niña!
Cómo gozo cuando guiñas
Yo quisiera darte un beso chiquitín
Con un swing por aquí y por allí
Un beso chiquitín con un swing, ¡sí!
Un beso chiquitín con un swing.

Te agarra muy suavemente
Te acaba en un pispás
No tiene moral y es difícil de saciar
Te gusta y todo lo das.

No, no, ni hablar, no voy a caer
Vete tú a saber...
Ron con Coca-Cola
Un beso chiquitito
Un swing agarradito
Nanananana por aquí
Un beso chiquitito
Un swing agarradito
Nanananana por allí.

Don Diablo

Cuando una niña pequeña te pregunta qué es el diablo, te mete en un serio apuro. Y eso fue exactamente lo que me pasó cuando mi sobrina Bimba me lo preguntó. Apenas calzaba cinco años. Me miró fijamente y no me dio espacio para huir. ¡Maldita escuincle!, recuerdo haber pensado. Ni modo. Había que responder. Respiré hondo y largo mientras buscaba imágenes gentiles, historias amables con las que ilustrar a un personaje que de gentil y amable no tenía nada. Y no se trataba de asustar, sino de quitarle leña al fuego del infierno. Así nació la idea de esta canción. Nos sentamos y, tirando de imaginación, empecé a construir un perfil a la altura de la comprensión de aquella pequeña que piaba ávida de conocimientos. No paraba de hacerme preguntas. Que si cuánto mide, que de qué raza era, que qué comía, cómo se vestía, a qué le gustaba jugar, en fin... una tras otra fue apareciendo un personaje divertido, bromista, coqueto y fanfarrón que distaba diametralmente del malvado original y, terminando la sesión, le prometí: «¿Sabes qué?, te lo voy a contar en una canción para que así nunca se te olvide...». Y así fue... Meses más tarde la Bimba tenía a su *"Don Diablo",* y millones de personas más, un *hit single*, probablemente uno de los éxitos más grandes de mi carrera. Tan enorme fue, que yo mismo pasé a ser el *"Don Diablo".*

La tarea de escribirlo fue... ¡¡¡COMPLICADÍSIMA!!!

Desde el primer momento la idea estaba clara, el color con el que pintar al demonio también, así como el tono ligero del texto. De todo eso no cabía duda. Lo imposible fue encajar la métrica. El idioma español es muy esdrújulo y tiene palabras largas, acentuadas hasta el encorsetamiento, que si se traslada fuera de la copla o de los estilos melódicos, corre el riesgo de no sonar demasiado musical. Tiene a favor que es altamente percusivo, lo que para cuadrar en ese ritmo latino que movía la canción era de agradecer. Pero había tanto canto y tanto que contar que tuve que estructurar el tema, hacer una especie de mapa compartimentado para entender cómo abordar cada parte y qué abordar en cada una de ellas. Construir un andamiaje antes de escalar, de eso se trataba.

Las tres estrofas tendrían que describir al personaje, desvelar sus estrategias y *modus operandi*, recetar cuidados y resguardos, y maneras de prevenir caer en sus redes.

Comencé por crear la alerta de que *"Don Diablo se ha escapado, ten cuidado yo lo digo por si..."*, no vaya a ser que nadie te haya avisado, pero el señor anda suelto y está de caza. ¿Y qué pasa si te conviertes en su presa? Pues que *"... te agarra muy suavemente, te acaba en un pispás..."*, te echa el guante amablemente y en un santiamén ya eres suyo, *"... no tiene moral y es difícil de saciar..."*, es un ser sin valores ni principios, carente de ética, insaciable en todos los aspectos, sin fondo, *"... te gusta y todo lo das..."*, y como pasa con los chicos malos, no hay nena que se resista y acabas por entregarte a sus encantos, que son irreverentes, canallas, turbios, pero... irresistibles. De esto quedaba claro que no había modo de zafarse. ¡Y mira que te lo dije! ¡Mira que te lo advertí!

Y canción arriba, la personalidad del diablo se iba desgranando, completando, hasta crear una tensión compuesta por partes iguales, entre el temor y el deseo, el mismo que provocaba el perfume con el que se acicalaba o su espuma de afeitar, costumbre que le situaba en edad adulta, la de conquistar, seducir y amar. A fin de cuentas, bajo un aspecto desenfadado y burlesco, el diablo nunca dejará de ser lo que es, siempre consecuente con su naturaleza e intenciones.

Pero el retrato que pretendí hacer para ilustrarle a una niña pequeña, un ser que tanta curiosidad ya de tan chica le despertaba, creo que funcionó, fue acertado. Y para entrar y salir del relato, un *intermezzo* cantado para ella, para Bimba, directamente a su atención, como intentando hacerla cómplice y meterla a bailar en la historia, *"... que te cante iay, mi niña!, cómo gozo cuando guiñas, yo quisiera darte un beso chiquitín con un swing, por aquí y por allí, un beso chiquitín con un swing, isí!...".*

En el cierre de la canción, la fiesta se desata y la idea era llevarla al terreno de la conga, del delirio más absoluto, del que surge y se escucha una voz pía que dice, *"... no, no, ni hablar, no voy a caer...",* bueno *"... vete tú a saber...",* le contesta otra.

Y entre «cubalibres» y «besos chiquititos» vemos alejarse a la comitiva, probablemente siguiendo los pasos del *"Don Diablo"* como si envuelto en un carnaval criollo de una Nueva Orleans se tratara.

Aún en la actualidad, ir a rueda de tal trabalenguas, me resulta de enorme dificultad.

MIGUEL BOSÉ / MADE IN SPAIN

Andy warhol

MADE IN SPAIN

1983

La Chula

La Chula tiene un encanto felino
Cuerpo mulato divino
Dieciséis años le dan
Y dicen que es mitad santa o demente
Que es diferente a la gente
Se ríe del qué dirán...

Comentan ¡ay, por favor mire usted!
Murmuran ¡ay, por favor fíjese!
La Chula da a cada cual su poquito
Te habla al oído bajito
Sabe cómo enamorar...

Y todo ese misterio que tiene la Chula
Los hombres se preguntan
¿para quién será?
Su piel y su cintura si las diera a otra
Preguntan las mujeres
¿para quién será?
El brillo de sus ojos, su color de pelo
Preguntan las sirenas
¿para quién será?
Que si un poco de amor
cayera de sus manos
Y nadie nunca supo para quién será...

¡Ay, Virgen Santa! ¡Ay, San José!
¡Ahí va la Chula! ¡Ay, mire usted!
¡Ay, Virgen Santa! ¡Ay, San José!
¡Ahí va la Chula! ¡Ay, mire usted!

La Chula baila a su ritmo el destino
Lee tu futuro en la arena
Y en caracolas de mar
Preciso que su paisaje es tan tierno
Que paraíso e infierno
La mano en ella se dan...

Comentan ¡ay, por favor mire usted!
Murmuran ¡ay, por favor fíjese!
Sonriendo va por su estela dejando
Suave perfume de mango
Brisa de flor tropical...

Y todo ese misterio que tiene la Chula
Los hombres se preguntan
¿para quién será?
Su piel y su cintura si las diera a otra
Preguntan las mujeres
¿para quién será?
El brillo de sus ojos, su color de pelo
Preguntan las sirenas
¿para quién será?
Que si un poco de amor
cayera de sus manos
Y nadie nunca supo para quién será...

¡Ay, Virgen Santa! ¡Ay, San José!
¡Ahí va la Chula! ¡Ay, mire usted!

¡La Chula, caramba!
¡Caramba, la Chula!
¡La Chula, caramba!
¡Caramba, la Chula!

La Chula la del encanto felino
Cuerpo mulato divino
Un día no apareció
Y cuentan que algún poder sobrehumano
La convirtió en una estrella
Y al firmamento subió...

Y todo ese misterio que tiene la Chula
Los hombres se preguntan
¿para quién será?
Su piel y su cintura si las diera a otra
Preguntan las mujeres
¿para quién será?
El brillo de sus ojos, su color de pelo
Preguntan las sirenas
¿para quién será?
¿Para quién será, para quién será,
para quién será?
¡Ay, Virgen Santa! ¡Ay, San José!
¡Ahí va la Chula! ¡Ay, mire usted!

¡Ay, Virgen Santa! ¡Ay, San José!
¡Ahí va la Chula, mire usted!
¡Ay, Virgen Santa! ¡Ay, San José!
¡Ahí va la Chula, mire usted!

La Chula

Eran las tantas de la madrugada y habíamos fumado mucha de aquella deliciosa maría Punto Rojo. Tumbados en una playa de Santa Marta, en el Caribe colombiano, nos dejábamos absorber la voluntad desde el chakra corazón, por un hilo directo conectado a las estrellas. Se nos iba el tiempo, y la placidez era tan liviana que todo hacía flotar. Todo era exacto, perfecto. La temperatura, la brisa suave arrastrándose a flor de arena blanca y coralina, el rumor de las diminutas olas, la compañía, y aquel firmamento que nos tuvo a todos atrapados durante lo que duró la noche. Parecía hablarnos. Como si sus constelaciones fuesen palabras esperando a ser desgranadas en historias. De pronto, alguien, muy despacio, dibujando con el brazo un largo trayecto, más largo por el tiempo que tardó en levantarlo que por el recorrido que hizo, señaló algo en lo alto de la profundidad de la noche y susurró: «¡Ahí está!... ¿la veis?». «¿Qué debemos ver?... ¿qué es?... ¿dónde está el qué?», preguntamos todos a turno, casi sobresaltados. «Esa estrella... la que está entre aquellas dos azuladas a la derecha de la grande naranja que titila por debajo de la constelación aquella... ¿la veis?... ¿sabéis de cuál os hablo?». Por alguna razón todos los presentes nos pusimos en pie y fuimos, cada quien de aquella manera, a ver en qué dirección apuntaba aquel dedo, colocándonos a espaldas del amigo, apiñados todos tras su hombro, y apuntando a lo largo de su brazo, guiñando un ojo. Tras un breve silencio y sin respirar, hubo un «ya la veo» generalizado. Y no era fanfarroneo, todos pudimos ver la estrella señalada a la de una, y ahí quedamos absortos por un rato, viéndola brillar, magnífica, blanca diamante, protagonista. Alguno incluso le pretendió un cierto movimiento. Tras unos minutos pregunté, «... ¿y qué es esa estrella... tiene nombre?...». Y mi amigo, sin dejar de mirarla, con los ojos llenos de su luz y una sonrisa en la boca contestó: «... ¡es la Chula!». Y sin pedirlo, empezó a contarnos su leyenda. Así nació *"La Chula"*...

La historia de aquella joven y bella criolla me atrapó de principio a fin.

Y no me abandonó hasta que, tal y como la Chula me había mandado, acabara transformada en canción. Su biografía era extensa y detallada. Sus orígenes, al borde del mar, entre palmeras fronterizas y azules repletos de vida en colores. El olor de las frutas maduras. La iniciación a la adivinación entre las caracolas de su abuela. Y más tarde su adolescencia y el despertar del deseo en los hombres. Los cortejos y los devaneos, sin un amor destacable. Su vida entregada a la pureza y a su religión, una de antiguas raíces africanas. La magia y los encantamientos. Su padre que muere, seguido al poco tiempo por su madre. Huérfana de corazón quebrado. Sola con su abuela que un día le lee su destino y sin susto ni pena, le cuenta que su vida tendrá un final trágico, pero que debe aceptarlo. Su futuro está en el cielo, en la eternidad. Será admirada y adorada por todos. Un hombre la ronda. La quiere para sí. Ella se niega. Él no acepta su rechazo. Cuidado con ese hombre. Una noche sueña que se convierte en luz y que remonta hasta las alturas del firmamento. Después de aquello, silencio. Mucho pesar. Mucho llanto. Su desaparición hoy aún es un misterio que estremece las carnes. La Chula. Te echamos de menos...

Pretendí que la alegría no faltase y que nada le quitase ni belleza ni resplandor a la leyenda del personaje. Este homenaje a *"La Chula"* quiso ser un carnaval, un ritual festivo en el que los seres terrenales, los elementales, los marinos y los santos más cercanos, jugasen roles de corrala, en una pequeña obra con escenarios de un cuento desplegable. Todo debía ser luminoso para que aquel pequeño ser de luz, que al final del cuento sube a los cielos, culminase la historia apareciéndose en el centro de un altar lleno de flores, frutas, peces y caracolas, brillante de nácar, alrededor del cual todos los actores hiciesen parte de la coreografía del gran *finale*. El hecho de llevarla musicalmente hacia el trópico se debía a que el origen y emplazamiento de la historia tenía que ser respetados para que perfumase a verdad. El divertimento de su lenguaje trabalenguado y sus santas exclamaciones le añadieron la canela y el azúcar definitivos.

"¡Ay, Virgen Santa! ¡Ay, San José!
¡Ahí va la Chula! ¡Ay, mire usted!".

BANDIDO
BOSÉ

BANDIDO

1984

Amante bandido

Yo seré el viento que va
Navegaré por tu oscuridad
Tú rocío
Beso frio
Que me quemará

Yo seré tormento y amor
Tú la marea que arrastra a los dos
Yo y tú
Tú y yo
Sí...
No dirás que no...
No dirás que no...
No dirás que no...

Seré tu amante bandido bandido
Corazón corazón malherido
Seré tu amante cautivo cautivo
Seré...

Pasión privada
Adorado enemigo
Huracán huracán abatido
Me perderé en un momento contigo
Por siempre...

Yo seré un hombre por ti
Renunciaré a ser lo que fui
Yo y tú
Tú y yo
Sin misterio...
Sin misterio...
Sin misterio...

Seré tu amante bandido bandido
Corazón corazón malherido
Seré tu amante cautivo cautivo
Seré...

Pasión privada
Adorado enemigo
Huracán huracán abatido
Me perderé en un momento contigo
Por siempre...

Seré tu héroe de amor...
Seré tu héroe de amor...
Seré tu héroe de amor...

Seré el amante que muere rendido
Corazón corazón malherido
Seré tu amante bandido bandido
Seré...

Y en un oasis prohibido prohibido
Por amor por amor concebido
Me perderé en un momento contigo
Por siempre...

Seré tu héroe de amor...
Seré tu héroe de amor...
Seré tu héroe de amor...
Seré tu héroe...

Amante bandido

Cuando grabé el álbum *"MADE IN SPAIN"*, con la bellísima portada de Andy Warhol y su correspondiente versión italiana, *"MILANO/ MADRID"*, compuesto de un repertorio completamente diferente, entré en una crisis profunda. Tanto material y tan distinto hizo que perdiera el norte y no supiese quién era y qué quería realmente en la música. Perdí la noción de identidad y tuve la sensación de estar prostituyéndome para conseguir agradar, haciendo proyectos a medida para cada idioma, para así poder vender en todos los mercados. El «todo vale», ya no me valía. Paralelamente, a hurtadillas, empezaron a resonar en mi cabeza trozos de melodías que nada tenían que ver con lo que venía grabando. Pedazos de ideas melódicas que no iban a más, pero que comenzaron a echar las raíces de lo que más tarde sería *"BANDIDO"*, tal vez el álbum más innovador de toda mi carrera y el que le iba a dar la vuelta por completo. Un nuevo comienzo, una inmensa apuesta.

La canción *"Amante bandido"*, su sencillo estrella, cambió por completo el panorama musical español. Cambió mi carrera, cambió la forma de plantearme la vida, y me dio nuevo entusiasmo y poderosa fe respecto a mi futuro.

Había empezado la verdadera autoría y autoridad de un Miguel Bosé que, por fin, daba el salto en el vacío para encontrar la horma de su zapato.

No solo el planteamiento sonoro se revolucionó, también lo hizo el mundo de la escritura. De ahí en adelante el lenguaje utilizado fue más contemporáneo, el necesario para estar a la altura del estilo renovado, y también de los tiempos. De inmediato supe que se habían abierto ante mí veinticinco años más por delante, para disfrutar.

Una de las grandes aficiones que por aquellos años cultivaba era el arte manga, más conocido como el cómic o dibujo *anime* japonés. Su estética me fascinaba, y llevada por ella entré de pleno en la cultura nipona, con especial atracción por el mundo samurái, la estética de su vestimenta, la gestualidad de sus rituales. Adopté aquella exquisitez de pleno, que se vio reflejada en todo lo que entró a ser parte de la nueva era Bosé.

La historia que cuenta le canción *"Amante bandido"* podría traducirse en viñetas. Un ladrón de corazones que llega de noche, saltando de tejado en tejado, como un *ninja,* y que entra por las ventanas para seducir a sus víctimas. Es un samurái de amor, un Romeo Yakuza al más puro estilo del manga erótico. Sus declaraciones apasionadas le hacen irresistible, enamora porque muestra la debilidad de un guerrero dispuesto a abandonar la vida que lleva para convertirse en un hombre, un ser humano de corazón malherido, y dejar de ser una sombra, un fantasma con katana, para perderse y perder la cabeza en un solo momento y para siempre, por amor. El romanticismo sobrio y, en general, la escritura casi telegráfica y sintética de alguna manera pretendía emular la concisión usada en los *haikus*, un tipo de poema de origen japonés que se escribe en tan solo tres versos y que además de tener un gran significado, también es de extrema intensidad debido a su concentrada escritura.

La promesa de entrega de un personaje tan misterioso y canalla, salido de lo más profundo de la oscuridad de la noche, vestido de negro, katana en ristra, al que probablemente solo se le vean los ojos ligeramente sombreados de kohl, al estilo de las películas de Bruce Lee, susurrándote muy cerca al oído palabras irresistibles con tono grave, llevando tu imaginación hasta *un oasis prohibido por amor concebido para perderse en un momento contigo,* confesándote su amor de corazón malherido y sugiriéndote, es más, ordenándote a no negarte a sus propuestas, hasta el límite de tu debilitada la voluntad, me parecía llevar una carga erótica poderosísima, insoportable, memorable.

Hilo de seda a hilo, midiendo al milímetro cada palabra para que fuese exacta, como un hombre gusano que teje la pieza más exquisita de un kimono con el que declararse a su amada, así bordé este poema, al atar deseos en cinturas.

Sevilla

Media luna brillará
La navaja acechará
Ojos bravos de mujer
¿Qué veneno fue?

Celo macho, África
Tu abanico se ensangrentará
A mi sino fiel seré
¿Qué veneno fue?

El corazón que a Triana va
Nunca volverá
Sevilla
Con qué pasión te enamorará
Y te embrujará
Sevilla...

Sola queda Soledad
La guitarra llorará
Sortilegio sobre ti caerá
Y una lágrima...

Un perfume, flor de azahar
A la hora de la verdad
Pulso infame temblará
Pero matará...

Y al alba blanca le contaré
Lo que yo te amé
Sevilla
Bandido ¡ay! muero yo por ti
Tu paloma fui
Sevilla...

Cantaré
Y enloqueceré
Sentiré
Puñales de placer...

El corazón que a Triana va
Nunca volverá
Sevilla
Con qué pasión te enamorará
Y te embrujará
Sevilla...

Y al alba blanca le contaré
Lo que yo te amé
Sevilla
Bandido ¡ay! muero yo por ti
Tu paloma fui
Sevilla...

De oro y diamantes te cubriré
Te seduciré
Sevilla
Como a una reina te trataré
Y te adoraré
Sevilla...
Sevilla...
Sevilla...

Sevilla

Este texto está, por un lado, claramente inspirado en García Lorca. De hecho, pretendía ser un homenaje a su obra, a sus personajes, a todo su mundo. Esa es una de las claves que hay que manejar. La otra es la copla y los poemas del glorioso trío Quintero, León y Quiroga.

Durante los años de la primera etapa de mi carrera, como paliativo a tanto echar de menos a la patria, solía viajar con cintas de Concha Piquer, Marifé de Triana y Juanita Reina, que escuchaba en mi *walkman.* La copla me devolvía la pasión que a menudo necesitaba sentir para desatar ese llanto tan terapéutico que desahoga las penas del emigrante. También tuvo espacio en mi maleta de mano, un libro de las *Obras completas* de Federico García Lorca de Ediciones Aguilar del 1954, con prólogo de Jorge Guillén y epílogo de Vicente Aleixandre. Ese, que aún conservo, era un tocho de páginas finas tipo misal, con tapas blandas de cuero y rúbrica del poeta en dorado al frente.

Armado de esas herramientas, aliado a tan sublimes referencias, nació *"Sevilla"* en mi cuarto de dormir de mi casa de Milán.

La historia, tal y como el mundo de Lorca lo requería, está llena de pasión, de celos, de crimen, de sacrificio y de surrealismo. Este es, a grandes rasgos, el argumento en prosa que escribí, para trazar el mapa del desenlace, y describir a sus personajes:

Soledad, una bella joven paya, huye por los callejones del barrio de Triana, embozada, perseguida por su amante, el *"África",* un gitano de tez oliva y ojos negros que, envenenado por los celos, quiere matarla para que no sea de nadie más que suya. Bajo la luna llena, brilla el filo de su navaja. Ese celo moro de macho africano quiere ensangrentar el abanico de Soledad, quien se sabe sin escapatoria. Su sino, como el de todo corazón que entre en el laberinto de Triana, está sellado y es consciente de que nunca saldrá vivo de él. La pasión que embruja y enamora es la misma que mata. En el aire, la melodía de una guitarra llora su lágrima, presagiando la tragedia de un sortilegio antiguo que está a punto de cumplirse. Suena la medianoche, la hora de la verdad, la del crimen, y en medio de la fragancia de los azahares se levanta el pulso infame y tembloroso que blande la navaja del destino, que cae y mata. Y como suele pasar tras los crímenes pasionales, en los estribillos se alza el lirismo del arrepentimiento, que al alba blanca le contará cuánto él amó a su paloma, cuántos puñales de locura y de placer va a sentir en su pecho hasta el final de sus días. Pero la sangre está derramada y es demasiado tarde. Un final digno de la *Carmen* de Mérimée.

Y de esa unión de pasión y de crimen, la del África y de Soledad, nacerá la ciudad de Sevilla, regia, eterna, llena de misterio.

"... Como a una reina te trataré y te adoraré, Sevilla...", que es lo que esa ciudad se merece. Una leyenda...

Horizonte de las estrellas

Horizonte de las estrellas
Es el límite que me vuelve loco
¿Cuántas son? ¡Cómo son de bellas!
Por mi amor yo no fui quien las ha roto...

Eres tan pálida, ¡qué blanca estás!
Siempre radiante ¿en quién pensarás?
¿Cómo estás? ¿Cómo estás?
¿Cómo estás?

Horizonte de las estrellas
El infante ya duerme en la cuna
Si pudiese ser una de ellas
Le daría belleza y fortuna...

Eres tan pálida, ¡qué blanca estás!
Tibia acuarela, espuma del mar
¿Cómo estás? ¿Cómo estás?
¿Cómo estás?

Eres tan pálida, ¡qué blanca estás!
Eclipsadísima, ¿quién te amará?
¿Cómo va?

Soy prisionero del tiempo que va
Un pasajero de la eternidad
¿Cómo va? ¿Cómo va?
¿Cómo va?

Horizonte de las estrellas...

Horizonte de las estrellas

Esta delicadísima canción, de arreglos livianos, titilantes y luminosos, con su texto transparente, está dedicada a un alma. Un alma que se fue de mi vida en un momento muy difícil, en plena infancia. Me refiero a mi hermano Juan Lucas. Murió cuando apenas tenía un par de meses de vida, y para mi familia fue un golpe durísimo. En él, mis padres habían puesto las esperanzas de recuperar una crisis matrimonial que, como todo lo que se tuerce, conserva en adelante su punto de quiebre y ya no hay quien se lo quite ni enderece. Se fue sin avisar, se apagó en silencio. Sus pequeños y ahogados quejidos enmudecieron mientras la casa dormía. En algún momento oí a alguien decir que dejaba esta tierra para convertirse en una estrella del firmamento, y con esa imagen me quedé. Perduró para los restos. Cada vez que levantaba la cabeza, buscaba en la oscuridad de la noche alguna que pareciese querer comunicarse conmigo, para identificarla, poder ubicarla y nombrarla. Se dieron muchas, y acabé con una colección importante que aún hoy localizo. Bueno, casi todas.

Los arreglos musicales pretenden describir la inmensidad del espacio infinito. La vista y el oído viajan juntos en una nave estelar imaginaria de escaparate panorámico. La vista es sobrecogedora, de una belleza que inunda de paz. El silencio es profundo y casi no llego a contar cuántas estrellas hay y lo bellas que son. Parecen haberse roto en millones de pedazos, como si en un principio hubiesen sido parte de una sola inmensa. Pero confieso, y pongo a mi Amor por testigo, que yo no fui quien la hizo estallar.

"Horizonte de las estrellas
Es el límite que me vuelve loco
¿Cuántas son? ¡Cómo son de bellas!
Por mi amor yo no fui quien las ha roto...".

Y de pronto un sobresalto. Localizo una estrella que brilla blanca y pálida, como cubierta por una piel transparente, prístina y nívea. Veo cómo irradia y siento que me habla, recibo un mensaje telepático, no verbal. Es mi hermano, lo percibo. Le pregunto en quién piensa, tal vez piense en mí, tal vez en su familia, en su casa. Me gustaría creer que me reconoce y quiero saber cómo está, si está bien, tranquilo. Todo lo que recibo es etéreo, nada parece tener materia, está hecho de plasma, de esencia pura.

"Eres tan pálida, ¡qué blanca estás!
Siempre radiante ¿en quién pensarás?
¿Cómo estás? ¿Cómo estás?
¿Cómo estás?".

Como flotando en medio del universo, está la cuna de mi hermano, la puedo ver. Es inmensa, abarca una galaxia. De hecho, creo que es en el centro de una galaxia donde reposa. Y como sucede en los cuentos de hadas, quisiera ser uno de esos cuerpos celestes y con su poder, otorgarle el don de la belleza y de la fortuna. Le observo dormir y su descanso es el mío. Sé que está bien. Me llega.

"Horizonte de las estrellas
El infante ya duerme en la cuna
Si pudiese ser una de ellas
Le daría belleza y fortuna...".

Hablo con su estrella y la veo translúcida, casi como si fuese un embrión suspendido en la nada. Parece un dibujo hecho a acuarela, con esos difuminados que da el agua al secarse, tibia sobre el papel. Parece estar hecho de espuma de mar, de burbujas de aire, diminutas y prietas. Eso veo.

"Eres tan pálida, ¡qué blanca estás!
Tibia acuarela, espuma del mar
¿Cómo estás? ¿Cómo estás?
¿Cómo estás?".

Ahora cambia su luz, pasa de suave a brillar intensa, luego se eclipsa. Me inquieto. Le pregunto cómo sigue, cómo va. No hay respuesta. Pasan los compases y no recibo respuesta. Ningún eco. Parece no oírme. Esta vez la pierdo. Pierdo contacto. De repente la nave acelera y me catapulta de nuevo hacia la infinidad del espacio.

"Eres tan pálida, ¡qué blanca estás!
Eclipsadísima, ¿quién te amará?
¿Cómo va?".

Mi viaje sigue su curso inexorable. Atrapado en un sueño, soy prisionero del espacio/tiempo. Estoy atrapado en un bucle del que no puedo escapar. Atrás quedan las estrellas entre las cuales brilla con fulgor la del recuerdo de mi hermano. Él seguirá viviendo por siempre en medio del firmamento y yo podré hablarle cuando le eche de menos. Voy bien. Estoy en paz. Mi espíritu está conectado y siento que pertenezco a allá arriba. Algo muy fuerte me lo cuenta y sus palabras me resuenan.

"Soy prisionero del tiempo que va
Un pasajero de la eternidad
¿Cómo va? ¿Cómo va?
¿Cómo va?".

Estoy sereno. Voy de vuelta a casa...

"Horizonte de las estrellas...".

Abrir y cerrar

Abrir y cerrar
Volver a empezar
Mi existencia maldita
Es clavarme un dolor que palpita.
Mi mundo interior
Mi ser anterior
Con pasado perfecto
Insaciable y fugaz se agita.

Sabio silencio que la noche trae
¿Soy o no soy de sangre samurái?
No hay, no hay ni un eco.
Alabardado de un destino serio
Casi dormido bajo tu misterio
De quién, ¿de quién es este imperio?

Y tomo fuerzas Dios
Si puedes oír mi voz
Última esperanza.
¡Oh, no! El cielo que pido yo
Es otro cielo y no
El hombre que he sido y soy
Quiere más luz y menos duelo.

No, no tengo miedo
Un poco perdido estoy...

Abrir y cerrar
Volver a empezar
Y no ser extranjero
Es querer respirar de nuevo.

Sabio silencio que la noche trae
¿Soy o no soy de sangre samurái?
No hay, no hay ni un eco.
Alabardado de un destino serio
Casi dormido bajo tu misterio
De quién, ¿de quién es este imperio?

Y tomo fuerzas Dios
Si puedes oír mi voz
Última esperanza.
¡Oh, no! El cielo que pido yo
Es otro cielo y no
El hombre que he sido y soy
Quiere más luz y menos duelo.

No, no tengo miedo
Un poco perdido estoy...

Sabio silencio que la noche trae...

Sabio silencio que la noche trae
¿Soy o no soy de sangre samurái?

Alabardado de un destino serio
Casi dormido bajo tu misterio...

Alabardado de un destino serio
Casi dormido bajo tu misterio...

Abrir y cerrar

Este texto, que encabeza el repertorio del álbum *"BANDIDO"* trata de la nueva etapa que se abre y de la que se cierra. *"Abrir y cerrar"* era un texto necesario, no solo para ejercer coherencia, sino también para dejar en claro que el nuevo trabajo era un parteaguas, y que lo que fue, quedaba en los olvidos del tiempo.

Durante la grabación de *"BANDIDO"*, que se llevó a cabo en Milán, junto a un maravilloso equipo de creativos cómplices y en total clandestinidad, las inseguridades que me asaltaban a diario eran constantes. A la CBS se le había contado que, en efecto, se estaba grabando un nuevo proyecto, pero que quería mantenerse la sorpresa hasta su entrega. A pesar del entusiasmo que me provocaba el repertorio, uno tan brillante y radical, me preguntaba si la apuesta que había emprendido tendría algún sentido, o no fuese a ser más que un capricho personal, altamente terapéutico, pero al fin y al cabo sin futuro impacto ni trascendencia. No conseguía dormir. Las letras y los arreglos se amontonaban en mi cabeza. Era de cajón pues, que todo esto tenía que ser plasmado, por eso este texto es tan importante en mi carrera y en mi vida, porque cuenta la escisión nada quirúrgica que se produjo. El cambio lo hice armado de hacha.

"Abrir y cerrar" comienza hablando de que *"... volver a empezar mi existencia maldita..."* sería como *"... clavarme un dolor que palpita"*. Lo que hasta entonces había vivido, esa existencia que tanto acabé maldiciendo, suponía un pesar que se clavaba en el corazón y que se

hacía sentir. Aquel mundo se inquietaba y se rebelaba, y lo expresé así: *"... mi mundo interior, mi ser anterior, con pasado perfecto, insaciable y fugaz se agita..."*. Aquí se refiere a que la perfección que hasta la fecha había tenido mi carrera, esa de manual, empezaba a agitarse como un espermatozoo que pretende crear una nueva vida.

En la siguiente parte, la segunda de las cuatro partes del tema, que se parece a un estribillo —aunque ni Roberto Colombo, el genial productor del álbum *"BANDIDO"* ni yo jamás fuimos capaces, ni tampoco nos esforzamos mucho, en tratar de discernir cuál de ellas era una estrofa, cuál un puente o cuál un estribillo—, cae la noche y con ella llegan las consultas al Sabio Silencio. La pregunta es *"... ¿soy o no soy de sangre samurái?..."*, es decir, ¿soy o no soy digno heredero y descendiente de la casta que llevo impresa en mi ADN? ¿Soy o no ese valiente que cuentan que soy, ese chico audaz y osado que se lanza al vacío sin miedo alguno? ¿Lo soy o no? Y de serlo, ¿por qué dudo tanto? ¿Por qué tantos temores, por qué tanta zozobra? A esa pregunta no había respuesta, *"... no hay, no hay ni un eco..."*. Y sin embargo, sabía que había un destino ya escrito, uno que me iba a entregar en manos un imperio, el que aparecía en mis sueños, el que ambicionaba, y en el que debía entrar con rituales precisos, engalanado como el protocolo demandaba. Y todo ello resuelto en una imagen solemne y críptica: *"... alabardado de un destino serio, casi dormido bajo tu misterio, de quién, ¿de quién es este imperio?..."*.

> *"Y tomo fuerzas Dios*
> *Si puedes oír mi voz*
> *Última esperanza.*
> *¡Oh, no! El cielo que pido yo*
> *Es otro cielo y no*
> *El hombre que he sido y soy*
> *Quiere más luz y menos duelo".*

Mi diálogo con Dios, con el Dios que habita en mi interior, el Gran Arquitecto del Universo, la Fuente de toda la Creación, y con el que soy cocreador de mi realidad, siempre ha estado sintonizado y aparece en prácticamente toda mi historia de vida. Y aquí, en un momento tan crucial, no podía faltar. En Él busco fuerzas y le transmito que es mi última esperanza, y que lo que fui, así como lo que soy, quiere más luminosidad y vuelo, y menos luto, menos duelo, menos pesadumbre. Le cuento que el futuro que pido, al que aspiro, mi cielo, es diferente al que hasta entonces tuve.

"... no, no tengo miedo, un poco perdido estoy...", que era mi estado de ánimo. Insisto, no había temor, no había miedo, había duda.

"Abrir y cerrar
Volver a empezar
Y no ser extranjero
Es querer respirar de nuevo...".

En aquel momento, para estar integrado, para no ser un extraño a lo que estaba por comenzar, la necesidad de respirar nuevamente el aire de aquel nuevo entorno era cuestión de vida o muerte. Era lo equivalente a tener un pasaporte con visado para el emigrante que pide asilo humanitario en suelo extranjero.

La canción viaja a tiempo de caminar y acaba bajo un cielo estrellado en el que cantan los grillos y crepita la hoguera. La sensación de paz que se da es absoluta, y con el sueño se cierran los párpados y se apaga la música. Mañana será el comienzo de un nuevo día de muchos más.

Lento

Lento, cómplice en el tormento
Lento, busco tu pensamiento
Siento que eres tú mi alimento
Canto de una sirena violento a mitad.

Dentro, tiro a matar... aguanto
Lento, impertinente deseo, ¡voilà!

Magical Ouverture, c'est toi
Danse le mystère madame pour moi
Magical Ouverture, magie
Loin de cette histoire commence ma vie.

Cuento noche a noche tu encanto
Lento, donde colmar el momento ese, te doy
Denso, pálido y sin aliento
Lento, luz de un bolero violento a mitad.

Magical Ouverture, c'est toi
Danse le mystère encore une fois
Magical Ouverture, magie
Loin de cette histoire commence ma vie.

Magical Ouverture, c'est toi
Danse le mystère encore une fois
Magical Ouverture, magie
Loin de cette histoire commence ma vie.

Lento

Este bolero rezuma sensualidad. Es más, es uno de esos textos «húmedos» que de cuando en cuando aparecen en mis discos, puntualmente, a lo largo de los años. Y hay bastantes. Hay muchos. *"Lento"* habla de largas sesiones de cama, del eternizarse en hacer el amor, sin pausa y con todo el tiempo del mundo por delante. Habla del aguante de las cosas que van llegando, del aplazarlas, retrasarlas. Y de la gloria de la carne, de su exquisitez y delirio. Es un texto sudado y lamido, mordido y besado, todo *con mucho* despacio.

Cuando lo escribí, estaba teniendo una aventura amorosa con una mujer de insoportable belleza, misma edad, tal vez algo mayor, dueña de un cuerpo de proporciones insultantes. Una diosa dorada amazónica. Nunca estuve enamorado de ella, lo juro, pero sí garantizo haber estado encoñado, nunca más exacta fue la expresión. En cada encuentro, la sensación de pecado que me asaltaba era tan vergonzosa como descarada. Más comía de aquella carne, más crecía en cotas canallescas y mi testosterona se disparaba a tales niveles que me consta haber dejado rastro de ella en mis estelas, que a mi pesar, más de un problema me acarreó con otras pretendientes. Me fue imposible serle fiel. Ella tuvo la culpa. Me convirtió en un ser insaciable, incapaz de decir que no. Nunca nada fue demasiado, nunca jamás nada fue suficiente.

Con ella todo era lento, interminable, como si a ambos nos diese miedo el dejarnos algo de tiempo sobrante fuera de aquellos abrazos. Había que ocuparlo todo y nuestra pasión iba a cama lenta, tórrida.

"Lento" cuenta de un constante retozar. Recuerdo estar haciendo el amor, como si de un tormento se tratara. Con ese mismo exacto

torpor, con la mente embotada, clavándome fijo en sus pupilas, haciendo desaparecer todo lo que estuviese fuera del contorno de sus ojos. Buscaba dentro de ellos sus pensamientos, esperando a que solo yo fuese lo único que se le pasara por la mente. Hubiese maldecido cualquier intrusión. Solo quería comer de ella, que fuese mi único alimento. *"Canto de una sirena violento a mitad...",* así eran los sonidos contenidos, semiviolentos y ahogados, que de su garganta salían, como los de una sirena. Así creí oírlos. Dentro de ella, en el momento de culminar, aguanto el disparo en el que se me hubiese ido la vida, cantando *"... dentro, tiro a matar... aguanto...",* y lo hago preso de un deseo impertinente, que resuelvo en triple salto mortal carpado y... *¡voilà!*

"Magical Ouverture, c'est toi

"Obertura Mágica" eres tú. Así mi forma de llamar a su divina apertura de muslos, entre los que pasaba horas buceando.

Danse le mystère madame pour moi

Baila el misterio para mí, señora. Me volvía loco ese mover de caderas, que me conducía al éxtasis.

Magical Ouverture, magie

"Obertura Mágica", magia pura, dentro de la que todo desaparecía, penas incluidas, pero sobre todo el tiempo.

Loin de cette histoire commence ma vie".

Lejos de esta historia comienza mi vida. Así fue. Lejos de ella, en las pausas, volvía a tener una, aunque según creo recordar, llena de cosas fútiles, banales. Pero sí sabía que más allá de ella había vida.

Elegí el francés por ser un idioma galante y porque su sonido siempre ha estado ligado a lo erótico. Mi educación francesa se veía así glorificada y, sobre todo, amortizada.

Noche a noche fui deshojando los pétalos de su encanto, deseando saber qué me esperaba al final. Fui colmando cada rincón suyo con momentos únicos, ciegos e inolvidables. Fue mutuo. Ella me inundó de ceguera y de aromas nunca antes imaginados.

Su temperatura me abrasaba mientras que el amor se hacía sin descanso, entre vapores densos, opiáceos, y desmayos continuos. Nos faltaba el aire.

Mi adorada *"Obertura Mágica",* baila para mí el misterio una vez más, que lejos de esta historia comienza mi vida...

Un día, no sé si fue sin pensarlo o habiéndolo pensado mucho, miré, como todo lo que solimos hacer durante meses, miré muy lentamente la imposible belleza desnuda de su cuerpo dormido, largo y tendido. Cerré la puerta de aquel paraíso, bajé las escaleras y, saliendo a la calle, respiré por primera vez, como desde hacía tiempo había olvidado respirar. Me fui, y lejos de aquella historia, retomé mi vida.

Fiesta siberiana

Fiesta siberiana
Hielo de mañana
Óxido y vapor de ferrovía
Orden de Moscú sin poesía
Marcharía, marcharía.

Toca balalaika
Canto de una troika
Perfil de un oficial, ella lo amó
La guerra por la paz nunca acabó
No volvió, no volvió.

Ojos lejanos como primaveras
nórdicas
Viento afilado que destierra
nuestras ánimas
Guarda en tu vientre hasta que
vuelva un sueño tácito
Que en mi memoria no se eleve
un muro trágico

Baila muchacho al ritmo
una danza tártara
Gira en la rosa de tu sable
y de tu túnica
Rompe el silencio melancólico
de nómades
Gélida estepa para un éxodo
de débiles

Fiesta que la luna
Se hace madrileña
Celos de uniforme, brindaré
Dile que a su esposa cantaré,
cantaré, cantaré...

Son recuerdos de una noche
Tu mirada que me ata, ¡ay!
Son recuerdos de una noche
Tu veneno que me mata, ¡ay!

Vodka para amar a quien se va
Profunda la foresta duerme ya
Duerme ya duerme ya...

Sangre del Volga,
vena de un paisaje hipnótico
Taiga infinita con carisma aristocrático
De Petroburgo a Leningrado
un sol muy pálido
Siempre en el vado entre un zar
y un sueño anárquico

¡Baila!
Baila muchacho al ritmo una danza tártara
Gira en la rosa de tu sable y de tu túnica
Rompe el silencio melancólico de nómades
Gélida estepa para un éxodo de débiles

Fiesta que la luna se hace madrileña
¡Fiesta!

Fiesta siberiana

"Fiesta siberiana" podría ser la sinopsis de un corto o de una novela. Escribí montones de ellas, como pasatiempo y escape en las largas horas de espera en hoteles, aeropuertos, montajes... Casi todas acabaron en las hogueras de la Noche de San Juan, con el agradecimiento de haberme evitado masas de tedio. Esta historia tal vez tiene personajes inspirados en las vidas de escritores rusos, y en algunos de los caracteres de sus novelas. Por ejemplo, su protagonista es una especie de joven Tolstói, quien, como él, ejerció carrera militar. Las otras son dos mujeres, una de sangre española y la otra una campesina ucraniana. El resto, comparsas de regimiento, pero sin relevancia.

Situémonos. Rodemos esta película. Supongamos un trasfondo como el de la novela *Guerra y paz*. Guerras napoleónicas. Al joven oficial, nuestro protagonista, al que nombraremos Serguéi, le llega una orden de traslado. Tal vez un telegrama en el que se le comunica que es requerido en el frente. Esa noche reza y no entendemos bien por qué lo hace. Lo hace fervorosamente. Corte a plano de una estación de tren a las afueras de San Petersburgo. El cielo está raso. La nieve lo cubre todo. Los témpanos de hielo nos cuentan que la temperatura está muy por debajo de lo habitual. La locomotora, que escupe vapor de agua, resopla y chirría frenando sobre las vías oxidadas. Gran trasiego de pasajeros que intercambian destinos. Muchos en uniforme que suben a los vagones. Entre ellos está Serguéi que marcha. Aparece el título de la película en rótulos blancos: *"Fiesta siberiana".*

El tren viaja a través de paisajes helados. Es la estepa. En su cabina, compartida por más soldados y campesinos, nuestro protagonista lee una carta y mira la foto que la acompaña. Está serio. Dobla el papel y lo guarda dentro de su abrigo, cerca del corazón. Pierde su mirada por la ventana. Fundido a...

Una troika, trineo tirado por tres caballos, se desliza por la estepa y sobre ella van media docena de soldados. Fuman, beben y uno de ellos toca la balalaika. Canta una canción triste, cuya letra se asemeja a la vida de Serguéi. Cuenta de una muchacha que se enamora de un oficial, pero la guerra no acaba, como pasó con las guerras napoleónicas, que parecieron eternas. Ella le espera y le espera, pero él nunca volvió. Ahora entendemos que de ella era la carta y la foto que atesoraba en el tren. Ella espera un hijo suyo y de ahí los rezos a pie de cama, para poder volver salvo del frente. Pero la canción augura un final bien distinto que él que teme que se cumpla. Corte a...

Alrededor de una inmensa hoguera, estalla una danza salvaje, frenética, que llevan a cabo oficiales y soldados. Todos cantan borrachos y bailan como locos. Es el preludio a la guerra, una despedida entre amigos en la que todos echarán a la suerte sus destinos. La energía que se desprende es brutal. Cantan a sus novias, de ojos lejanos como primaveras nórdicas, al viento afilado que aúlla y que se lleva las almas al destierro, a mujeres madres que tendrán que llevar embarazos de manera solitaria y discreta, hasta que ellos vuelvan, para formar por fin familias, aunque de no volver cantan y abogan por que no se les recuerde con losas y lápidas de silencio.

Y bailan los hombres delirantes danzas tártaras, enroscados sobre sí mismos como sufíes, y desde lo alto, la cámara descubre cómo sus sables y túnicas, al girar, se asemejan a rosas que se van abriendo. Todo hace parte del exacto ritual con el que los nómadas solían despedirse de un lugar para proceder a otro, tal vez de mejores pastos, o huyendo del invierno a las puertas, un éxodo no apto para hombres débiles.

Mientras que la fiesta sigue en curso, Serguéi parece ausentarse, y mientras fija el fuego, su pensamiento viaja...

Fundimos a plano de una luna llena. La cámara planea hacia abajo descubriendo primero los tejados de unos edificios, luego una plaza y sus entornos. Aparece rótulo a pie de imagen: MADRID 1808. Serguéi lleva uniforme de la milicia francesa, casaca azul, cuello rojo ribeteado en oro y calzón blanco. Sus ojos brillan, su rostro está radiante. La situación es la siguiente: él acabó alistado en las filas de voluntarios que luchaban en la guerra de Independencia española, como mercenario probablemente. Acaba enamorando a la esposa de un oficial español de alto rango, una gaditana afincada en Madrid, una mujer de alcurnia aristócrata. La llama que se enciende es mutua. Según se masca, la aventura es muy pública y Serguéi, al que su amor le fue prohibido a partir del momento que se puso en boca de todos, muere de celos. Bebe hasta lo imposible y, arengado por sus compañeros, se envalentona y le dice a un sargento de la guardia española que le diga a su jefe, el marido de su amada, que le da igual todo, pero que él esa noche piensa rondarle a su esposa, y que le cantará bajo el balcón. Son recuerdos de una noche, de aquella última. Al son y rasgar de una guitarra española, Serguéi mira a su amada a los ojos y siente que ella le ata a su cintura. Recuerdos llenos de aquel amor envenenado que estuvo a punto de matarle, porque harto del espectáculo, el general Martínez del Hoyo, esposo de Esperanza la gaditana, lo manda apresar y esa misma noche acaba en el calabozo. Se le es ofrecida una salida honrosa y otra, indecorosa. La honrosa es el fusilamiento; la otra, la indecorosa, el exilio y traslado de vuelta a Rusia. Y él se decanta por la segunda, la de ser repatriado. Según se fue contando más tarde, le dio igual lo que de él se pensara, pero no quería morir por fusil español y en suelo de cornudos cobardes.

Ella, al saber del destino que va a separarla para siempre de su amante, bebe vodka a su salud, no rioja. Desde su balcón mira el bosque que cae en un profundo sueño, y desde su corazón roto, le desea felices sueños.

Corte y vuelta a la hoguera de las danzas. Serguéi sonríe recordando Madrid y su luna. De un manotazo, se deshace de su abrigo, y de un salto, se incorpora a la demencia junto a sus compañeros. La sangre del Volga hierve en sus venas, los bosques de la taiga funden sus nieves al calor de la pasión de esos jóvenes rusos que bailan danzas tártaras, mezclando a aristócratas y a campesinos, siempre a medio camino entre la devoción a su zar y el sueño anárquico de una revolución que por entonces quizá ya estaba en el aire, urdiéndose, cuajando. Las imágenes se arremolinan, apelmazándose con el vodka y todo da vueltas, todo se embota.

Corte a primer plano de Serguéi que cae sobre la nieve, boquiabierto, los ojos perdidos en el vacío. Le han disparado y sangra. Yace muerto. De fondo, el fragor de la batalla cuyo sonido funde a silencio de luna llena, la de Madrid. Sobre ella, rótulo de FIN.

MIGUEL
Bosé
SALAMANDRA

SALAMANDRA

1986

Salamandra

En el Reino de la Salamandra
Se murmura de un tal ruiseñor
Que devora semilla de hombre
Que sola se queda
Y se consume en pasión

Vertical voluptuosa sonrisa
Que se ofrece al placer, al dolor
Y en espuma desborda su fuerza
Recibe la lanza
De su supremo señor

¡Ah!, ¿qué será, qué será, qué será, qué será,
qué será, qué será, qué será, qué será, esa voz?
¡Ah!, ¿qué será, qué será, qué será, qué será,
qué será, qué será, qué será, qué será, esa voz?

¿Quién la encantará? ¿Quién cederá?
Entre la bella y la bestia no hay superioridad
Su olor atrae a la ciencia
Su carne al predador.

En el Reino de la Salamandra
Se murmura de un tal ruiseñor
Que ha caído en la jaula de un hombre
Que come, que quema
Y es un vampiro de amor.

¡Ah!, ¿qué será, qué será, qué será, qué será,
qué será, qué será, qué será, qué será, esa voz?
¡Ah!, ¿qué será, qué será, qué será, qué será,
qué será, qué será, qué será, qué será, esa voz?

¿Quién la encantará? ¿Quién cederá?
Entre la bella y la bestia no hay superioridad
Su olor atrae a la ciencia
Su carne al predador.

¡Ah!... esa voz
¡Ah!... esa voz
Esa voz...

¡Ah!, ¿qué será, qué será, qué será, qué será,
qué será, qué será, qué será, qué será, esa voz?
¡Ah!, ¿qué será, qué será, qué será, qué será,
qué será, qué será, qué será, qué será, esa voz?

¡Ah!, ¿qué será, qué será, qué será, qué será,
qué será, qué será, qué será, qué será, esa voz?
¡Ah!, ¿qué será, qué será, qué será, qué será,
qué será, qué será, qué será, qué será, esa voz?

¡Ah!... esa voz
¡Ah!... esa voz
Esa voz...

Salamandra

Esta letra está inspirada en una corta autobiografía, titulada *Memorias de una cantante alemana,* escrita por Wilhelmine Schröder-Devrient, y publicada en la colección de relatos eróticos La Sonrisa Vertical, de Tusquets. En ella, esta cantante de ópera, que tuvo una vida turbulenta, cuenta, al final de sus días, cuál era el secreto del cautivador timbre de su voz. Esta es la leyenda que escribí, basada en su excepcional vida...

La historia ocurre en un territorio conocido entonces como el Reino de la Alquimia, el que abarcaba el sur de Polonia, la antigua Checoslovaquia, la región de Bohemia, además del Austria oriental y del centro-norte de Hungría. Cracovia era, para los más grandes alquimistas de la época, algo así como su centro espiritual. El mismo territorio en el que nuestra cantante lírica causaba furor. Esa es una referencia.

La otra es la salamandra, que simboliza la alquimia y su fuego. No solo el fuego material, el que al parecer este anfibio podía atravesar sin sufrir quemaduras —incluso vivir en él, según Paracelso—, sino el espiritual, el trascendental. Este anfibio fue el símbolo de la transmutación. De ahí que bautizase a aquella geografía, en la que ocurre el relato, con el nombre de Reino de la Salamandra. En él, nuestra cantante lírica ejercía su profesión y sus artes.

Este libro me fue entregado un día por papá Berlanga, el inmenso director de cine. Me dijo: «Este documento te va a interesar, veo en él una posible inspiración». No se equivocó. La historia me atrapó y dio como resultado una canción única, de las más picantes de mi repertorio. Y explico...

"En el Reino de la Salamandra
Se murmura de un tal ruiseñor

En el Reino de la Alquimia se comenta, se cuenta, de una cantante de ópera de excepcional timbre de voz...

Que devora semilla de hombre
Que sola se queda
Y se consume en pasión

... que para conseguirlo, traga semen de varón, y en soledad, a escondidas, tiene prácticas lujuriosas que la consumen...

Vertical voluptuosa sonrisa
Que se ofrece al placer, al dolor

... y que ofrece su sexo, su vagina, a prácticas sadomasoquistas...

Y en espuma desborda su fuerza

... y que se debilita con su exceso de eyaculaciones...

Recibe la lanza
De su supremo señor.

... entregándose a la enorme verga de su amante, su dueño, a quien venera como a un dios y por la que se deja herir a fondo.

¡Ah!, ¿qué será, qué será, qué será, qué será,
qué será, qué será, qué será, qué será, esa voz?
¡Ah!, ¿qué será, qué será, qué será, qué será,
¿qué será, qué será, qué será, qué será, esa voz?

¿Cuál será el secreto de su voz?

¿Quién la encantará? ¿Quién cederá?

¿Quién conseguirá seducirla? ¿Quién sucumbirá?

Entre la bella y la bestia no hay superioridad

En el duelo entre la belleza contra la brutalidad, hablo del amor cuyas prácticas duras someten por la fuerza y con brutalidad física, aquel que a ella le gustaba practicar. En ese, no hay vencedores, solo existe la más gloriosa de las entregas porque...

Su olor atrae a la ciencia
Su carne al predador.

... el olor de la vagina, como el de los testículos y el pene, resultan ser perfumes que atraen a quien quiera investigar su naturaleza, del mismo modo que la carne atrae a los depredadores. En definitiva, todo confluye en el sexo.

En el Reino de la Salamandra
Se murmura de un tal ruiseñor

En el Reino de la Alquimia, se cuenta, se dice de un ruiseñor, es decir, de una cantante de voz incomparable y cautivadora...

Que ha caído en la jaula de un hombre
Que come, que quema
Y es un vampiro de amor".

... que ha sido presa y está entre rejas por un hombre que ardía por ella y con el que tenía cama dura, uno que se la comía, uno que la sedujo y le bebió la sangre.

De ahí en adelante la historia prosigue, repitiéndose en bucle. Se propaga de boca en boca. Viaja entre la gente, recorriendo laberintos de callejones oscuros y barrios turbios, a lomos de una música sinuosa que repta, opiácea, como la de algún burdel de las mil y una noches.

La historia de esta mujer, que alcanzó la cúspide de la fama, se vio caer a los subfondos más bajos debido a su ninfomanía y a la adicción al semen de hombre, elemento indispensable para conseguir mantener la voz que tan aplaudida fue. O por lo menos así lo creyó. Acabó en prisión, lo perdió todo, y entre rejas se refugió en prácticas lesbianas. Un admirador, tal vez un pasado amante, la convence para que hable de su vida, que cuente sus secretos, y dejar un testimonio que perdurase. Nunca supo que, décadas más tarde, acabaría siendo protagonista del texto de una canción.

Nena

Ese modo de andar
Ese look chachachá
Casi casi vulgar
Y esas cejas...
Me sentí castigar
Te dije sí, sí
Por tu forma de amar
Tan salvaje...
Hay un ángel en tu mirada
Inquietante tabú...

Nena
Luna serena
Todo es posible menos tú...
Nena
Ámbar y arena
Boca insaciable solo tú...

Promesas y mentiras, solo tú
Estrella de mi corazón, solo tú
Sofisticada diva, solo tú
Ola, una ola, una ola, una ola...

No he podido escapar
De ese aquí, de ese allá
Me dejé dominar
Poco a poco...
Quiéreme con pasión
Y dime sí, sí
Una vez y otra más
¡Qué locura!

Hay un ángel en tu mirada
Ese que sabes solo tú, solo tú...

Nena
Luna serena
Todo es posible menos tú...
Nena
Ámbar y arena
Boca insaciable solo tú...

Promesas y mentiras, solo tú
Estrella de mi corazón, solo tú
Sofisticada diva, solo tú
Ola, una ola, una ola, una ola...

Quiéreme con pasión
Y dime sí, sí
Una vez y otra más
¡Ay, qué locura!
Hay un ángel en tu mirada
Ese que sabes solo tú, solo tú...

Deja ya de llorar
Deja ya de llorar
Nena...
Deja ya de llorar
Nena...
Deja ya de llorar
Nena...
Deja ya
Nena...
Deja ya
Nena...

Nena

Érase una vez, una de tres o cuatro años atrás, que hubo una novia costarricense, con la que tuve una relación tórrida. En muchos aspectos se supo hacer inolvidable. Rompimos queriéndonos mucho, pero por esas cosas de la vida, nos fuimos alejando. Cuando arranqué las escrituras de este álbum, ella seguía viva en mi memoria. Lo estuvo durante mucho tiempo, muchísimo, de hecho, aún lo está. A ella dediqué esta canción. El texto viene a ser una descripción de lo que vivimos, de cómo la veía y de nuestra relación. Después de ella, todas las mujeres que fueron entrando en mi vida, incluso las más maravillosas, las más bellas, las más brillantes, fueron medidas por una vara que dejó el listón muy alto. Siento decirlo a estas alturas, pero llegan tiempos de confesión.

Su dulzura, su voz, su piel... y ese modo de andar, de caminar... esas piernas perfectas, una en el mar Caribe, la otra en el océano Pacífico, que remontaban hasta juntarse en el cielo, mi cielo, mi paraíso. Tenía paso cadenciado, acompasado, a ritmo de chachachá. Recuerdo esas faldas de alturas vertiginosas que se resolvían en una cintura que podía apretar entre mis dos manos. ¡Oh, Dios... cuánto adoraba levantarla en vilo y hacerla girar contra el azul infinito! Ella reía y reía, mientras se iba deslizando a tierra, para terminar atándonos en abrazos de infinitos besos.

Ella, la luna de mis noches; yo, su sol y sus estrellas. Todo era posible en la vida menos ella. Tenía ese carácter indómito que la

hacía única, esa suma de pequeñas imperfecciones adorables ante las que me fue imposible no sucumbir. Entre ellas una elegancia que a menudo y a propósito descuidaba, para hacerse más deseable, casi al límite de lo ramera. Cuidaba su pelo largo, de bucles negros y prietos, con aceites de aguacate y almendra amarga, y sus cejas... anchas y pobladas, de reminiscencias etruscas, minoicas, me hipnotizaban, me castigaban. Su forma de arquearlas, a la que nunca pude resistirme, consiguió convencerme de todo. Le dije sí, sí...

Su cama era salvaje, apasionada... y era eterna. En algún momento en medio del amor me quedaba mirándola fijo a los ojos... y algo había en ellos que jamás pude descifrar y que ella no contaba.

Algo muy profundo, muy alejado en el tiempo. Y ese algo demandaba ser amado sin límites, sin tregua. Iba más allá de la necesidad. Como si su capacidad de supervivencia, la de no caer en la oscuridad, dependiese de la cantidad de amor que yo fuese capaz de darle en cada segundo. En esos momentos, se perdía y aparecía un inquietante tabú en el ángel de su mirada.

Su piel, de olivo y ámbar, era de tacto satín. Su boca, la dueña de todos mis besos, la de mi lengua. Ella era mi nena. Mejor escrito... mi Nena, la de mi corazón.

Nos prometimos tanto cuanto nos mentimos, pero todo ello fabricado para hacer de los sueños nuestros proyectos. No hubo jamás ni verdaderas promesas ni dolorosas mentiras. Sabíamos cómo entusiasmarnos y esas armas se dieron por lícitas.

Mi nena era una diva, una muy sofisticada, *sexy* a morir, divertida como ninguna, astuta como las zorras, rápida como su látigo. Reía, y en su risa yo me revolcaba, ola tras ola, tras otra, tras otra, tras otra ola.

Me fue imposible escapar del vaivén entre sus caderas, no pude. No conseguí decirle que no, solo y siempre sí, un sí sonoro y entregado. Golpe a golpe me dejé dominar por sus insaciables apetitos y poco a poco me dejé llevar por una locura llena de especias y mieles.

Una vez y otra más, y otra, y otra, y otra... hasta perder la cabeza.

Aquel amor, hecho de corazón y carne, de promesas y mentiras, de deseos y de caprichos, duró algunos años. Los años más placenteros, más armoniosos de mi vida. Alcancé a ver un futuro con ella, y solo con ella. Más allá del contorno de su silueta, en el que apenas alcanzaba a brillar el contraluz de los amaneceres y atardeceres, no existía nada más, todo se difuminaba. La entrega fue absoluta y su despedida llena de lágrimas. La recuerdo llorar día y noche, sin descanso. Algo de todo aquello empezó a faltar y casi de inmediato acabó faltando. ¿Qué fue exactamente? No alcanzamos a ponerle nombre. Una fórmula magistral, con notas de incontables detalles.

Te echo de menos, Nena... no te olvido.

Aire soy

Una idea, un continente, una mirada
Casi sin querer
Se me escapa, se me nubla, no se acaba
Casi sin querer
No hay nada ya, no hay nada ya
Tocarte por dentro, besar
No hubo y no habrá
No hay nada aquí ya
Volarme y al tiempo volar

Aire soy y al aire
El viento no
El viento, el viento no
Que sin ti soy nadie
Sin ti yo no
Sin ti, sin ti yo no

Una fuga, un S.O.S., una parada
Casi sin querer
Y la duda en sentimiento transformada
Casi sin querer
No hay nada ya, no hay nada ya
Tan bello es caer a tus pies
No hubo y no habrá
No hay nada aquí ya
¿De quién este cielo es? ¿De quién?

Aire soy y al aire
El viento no
El viento, el viento no
Que sin ti soy nadie
Sin ti yo no
Sin ti, sin ti yo no

No hay nada ya, no hay nada ya
Tan bello es caer a tus pies
No hubo y no habrá
No hay nada aquí ya
¿De quién este cielo es? ¿De quién?

Aire soy y al aire
El viento no
El viento, el viento no
Que sin ti soy nadie
Sin ti yo no
Sin ti, sin ti yo no

Aire soy y al aire
El viento no
El viento, el viento no
Que sin ti soy nadie
Sin ti yo no
Sin ti, sin ti yo no

Yo no
Yo no
Yo no
Yo no
Yo no
Yo no
Yo no...

Aire soy

Nada tan importante como estar a la altura de la improvisación. Las decisiones tomadas por la razón no tienen posibilidad de ser alteradas, ni antes, ni durante ni después. No admiten cambios. Las que siguen el impulso del corazón están llenas de acierto y de magia. Y sí admiten ser alteradas una y otra vez. ¿Y las de la duda?

En cuestiones de pareja, uno toma decisiones con ambas herramientas, la cabeza y el corazón, la razón y el instinto. En esta historia sucede así, así sucedió... causado por la duda.

De pronto algo me cruza por la mente. ¿Es un arrebato o una necesidad? Tomo una decisión. Siento que es de naturaleza ponderada, aunque dudo. Hay un continente de por medio y quiero volar hasta ti para decirte que ya no queda nada entre nosotros. Sé que me vas a preguntar, ¿y entonces para qué te tomaste la molestia de venir, viajar a miles de kilómetros, cuando podrías habérmelo dicho con una llamada de teléfono? Todo esto me confunde, se me escapa, no sé por qué estoy aquí. Todo esto está pasando sin que en realidad lo quiera. Decirte que ya no queda nada aquí, dentro de mí, que en realidad no hubo ni volverá a haber nada después de todo lo que hubo, no justifica que quiera tocarte y besarte. ¿Qué estoy haciendo aquí?, me repito. Quiero volver a ser aire y al aire volver. No quiero cerrar esta historia con reivindicaciones, con reproches. Sin agresiones, sin viento, sin hostilidades, solo aire. Me iré sabiendo que sin ti yo soy nadie, no me encuentro, no siento vida. ¿O tal vez sí lo sea? No estoy seguro...

Justo al irme me asalta otra duda, salta una alerta, pido ayuda a ¿quién? Me detengo y caigo a tus pies, en ese gesto que en el pasado me parecía de extrema belleza, de gran nobleza, lleno de tanto amor. Pero ¿qué hago postrado? De nuevo me doy cuenta de que estoy siguiendo los protocolos mandados por la razón, la necesidad de cerrar bien las cosas. Sea por evitar el sentido de culpa, sea por educación. En todo caso, tal y como la cabeza dicta, cuando en el corazón siento que nada participa de ello. ¿Por qué seguir protocolos entonces?

El cielo que nos cobija, ¿de quién será a partir de ahora? ¿Será enteramente tuyo? ¿Será solamente mío? ¿De los dos? Levántate y márchate ya, no quieras diluir lo insoluble, me dice una voz. Te pongas como te pongas, ya dejaste bien claro que dentro de ti ya no queda nada. Ni en realidad lo hubo, ni mucho menos cabe posibilidad de que lo haya. ¿Qué has venido a hacer? Ya te diste un paseo en la nada y para nada. Vuelve a tu centro, regresa a tu cotidianidad. Vete.

Esta es la canción de la duda, y de lo que la duda puede llegar a crear a partir de lo inexistente, que es, en definitiva, su territorio de poder.

Hace creer que hay donde no hay, que algo crece donde nada existe ni puede crecer. La duda que causa tedio. La duda que hace perder tiempo. La duda que no lleva ni conduce a nada más que a mayor duda. La que todo lo confunde. La que hace culpable al corazón, de lo que urde la cabeza, y viceversa. Y si por desgracia se mete en asuntos de amor, va y te pierde.

Partisano

Padre, madre
Un abrazo volveré
Héroes, causas
De un poder absurdo
Guerra, odio
No he entendido bien por qué
Vivo, muerto
Por un mundo nuevo...

Me acercaré hasta el valle
Que me vio nacer
¡Qué amarga despedida!

Canto de aceros, no quiero matar
Último grito de rabia y se va
Que no me llamen cobarde, traidor
Partisano
Patria y bandera yo os pido perdón
Hoy que deserto me armé de valor
Himno de paz por el hombre que cree
Partisano

Libre, libre
Como un águila seré
Vuelo alto
Que hay un mundo nuevo

Y llévame hasta el valle que me vio nacer
¿Qué niebla es esta, amigo?

Canto de aceros, no quiero matar
Último grito de rabia y se va
Que no me llamen cobarde, traidor
Partisano
Patria y bandera yo os pido perdón
Hoy que deserto me armé de valor
Himno de paz por el hombre que cree
Partisano

Lejos de aquí sé que descansaré
Me iré, me iré, te escribiré mi hermano...

Canto de aceros, no quiero matar
Último grito de rabia y se va
Que no me llamen cobarde, traidor
Partisano
Patria y bandera yo os pido perdón
Hoy que deserto me armé de valor
Himno de paz por el hombre que cree
Partisano

Partisano

Este texto tiene como marco la batalla de Galípoli. En concreto se basa en los diarios de un jovencísimo combatiente inglés, publicados años después del final del conflicto, una recopilación de pensamientos de campo, junto a una serie de cartas que jamás llegaron a destino. Una de ellas, en la que me inspiro, estaba dirigida a sus padres. En ella cuenta lo absurdo de aquella guerra que, como tiempo más tarde se vino a saber, fue una de las mayores masacres de la historia, fruto de una demencia, casi caprichosa.

Esta canción es parte de una serie extensa de obras que denuncian las guerras y que van apareciendo en casi todos mis trabajos, puntualmente. Muy pronto se convierten en obsesión. No solo por el sin sentido de todas ellas, sino por tratar de entender qué razones llevan a los hombres a desatarlas. Pero por mucho intento, hasta la fecha no encuentro, ni yo ni nadie, ninguna, porque no la hay. Ninguna justificación, ningún argumento. A partir de mis veinticinco años y sobre todo en las dos décadas siguientes me convierto en acérrimo activista antibelicista, lidiando en varios frentes junto a diversas organizaciones que denuncian no solo las guerras, sino todo tipo de conflictos o escenarios de violencia. Poco tiempo más tarde, con mi compadre Juanes, crearíamos la fundación Paz Sin Fronteras (PSF), con sede en Ginebra, para actuar a pie de Naciones Unidas. Ahí empiezan a darse una serie de conciertos blancos en muchas ciudades alrededor del mundo, para demandar la paz, y, en nombre de la paz, el fin de las hostilidades.

"Partisano" arranca en las trincheras del frente inglés en la batalla de Galípoli. En curso la Primera Guerra Mundial. Un joven de diecisiete años escribe frenéticamente una carta que dirige a sus padres. Con el corazón aterrado, trata, sin embargo, de asegurarles que pronto volverá. Él sabe que no. Ha estado ahí desde el principio del conflicto, y es parte de la última oleada de soldados que darán su vida en sacrificio, la tanda de los más jóvenes.

Les manda un abrazo y reflexiona sobre el sentido de la guerra, de todas se da por hecho, de esa en específico. El poder, que a tantos lleva hasta lo absurdo, al lado de los héroes que todo conflicto demanda, es cuestionado por su cabeza que garabatea con premura unos pensamientos febriles sobre el papel. El odio que trae la guerra, los muertos y los supervivientes, que seguramente queden muy tocados, todo en nombre de un mundo nuevo...

Evoca el valle en el que está su hogar, el que le vio nacer, a donde piensa regresar.

Pero se rompe, siente que ha llegado el momento de despedirse, y aunque lo oculte, es un adiós con un sabor amargo. Hay mucha tristeza.

En el estribillo estalla su rabia. Desde lo más profundo de sus creencias, de sus valores, grita que no quiere matar, que el canto de los aceros, el de los proyectiles, le sirva de melodía al mundo entero para enterarse de ello. En ese último grito lleno de coraje, mientras que por encima de su cabeza silban las balas, decide saltar fuera al combate, y va. Trepa el muro y, tal y como ciertos reportes cuentan, la pared de cuerpos apilados que había en lo alto de la cornisa de cada trinchera. Cuerpos de hombres que apenas asoman la cabeza, sin ni tan siquiera poder dar un paso, asesinados, quedando apilados unos sobre otros. Es consciente de que escalar aquel muro de cuerpos supone subir los últimos metros de su vida, y, sin embargo, gatea destino arriba hasta encumbrarlo. No quiere que le llamen cobarde, traidor, y que así se le recuerde. No soportaría dejar esa herencia en su memoria, ni que sus padres cargasen con ella.

Clama a su patria y a su bandera y les pide perdón por desertar. Pero entendemos que llama deserción a su muerte. Nunca más ya podrá defender a su país porque en acto de protesta se entrega al sacrificio. Y deja bien claro que ese gesto de protesta en el que da su vida no quiere que sea malinterpretado como de cobardía o de traición. Todo lo contrario, para tomar esa decisión sabe que tiene que armarse de valor.

Esta suma de valores y de principios que llevan a un ser humano a dar su vida por una causa, sea por credo o por mandato, constituye el inexplicable decálogo de los héroes a lo largo de toda la historia. Esa capacidad de sacrificio, con la que serán honrados y condecorados en vida o *post mortem,* hace de ellos una especie universalmente admirada. Son un ejemplo para todos. Y sin embargo, hay que nacer para ello.

Durante las dos guerras mundiales europeas pasadas, existió una figura popular que entró a ser parte de las especies heroicas: el partisano. Eran los hombres y mujeres de un país que conformaban la resistencia contra las fuerzas invasoras. Durante la Segunda Guerra Mundial, los jóvenes de mi familia fueron parte de esos cuerpos y cuando mi abuela Francesca, la Nonna italiana, nos contaba sus historias, en algún momento *i partigiani* entraban en escena como salvadores del pueblo, de modo que en mi memoria quedaron fijados como héroes románticos. Por ese motivo, nuestro protagonista quiere ser recordado como uno de ellos. Un *partigiano*. Un partisano. Un hombre que va a la guerra no porque esté de acuerdo con ella, sino porque defiende una causa, unos ideales, y por ellos está dispuesto a morir.

Así, nuestro chico grita de rabia y de coraje. Su voz resuena y retumba como un eco en el fragor de la batalla.

En la siguiente estrofa, la última, él se ve libre como un águila que sobrevuela un mundo nuevo. Es su alma, liberada de todo pesar material, la que planea por encima del valle que le vio nacer. Él no se da cuenta aún de que ha muerto. Se pregunta qué es esa extraña niebla que le envuelve, la del más allá. Se siente ligero en el viento.

Y retoma con furia y nostalgia su canto antibelicista, esta segunda vez con empaque más épico, ya desvinculado de toda carga. Como fondo de batalla, suenan las gaitas irlandesas, nostálgicas y evocadoras. Una banda sonora para la guerra.

Cierra su canto asegurándole a su hermano que lejos de ahí, de aquella trinchera, de tanto absurdo, de su valle, de su vida, de su existencia, sabe que por fin descansará.

La canción, tal y como su protagonista en algún momento declara, es un *"himno de paz por el hombre que cree"*, una toma de posición, una declaración de principios. Es un canto a uno de los derechos humanos más deseados unánimemente, más abanderados, más peleados, y, sin embargo, más olvidados. De hecho, no es, sino hasta hace relativamente poco, que por fin ha logrado alcanzar el estatus de derecho humano universal. Me refiero a la Paz, con mayúscula. Paz que no se alcanza, porque no resulta rentable. La guerra lo es más.

Amapola bésame

Bésame
Amapola bésame
Opio y celo acábame
Y no sientas piedad

Túrbame
Nuez moscada túrbame
Hazme esclavo, véndeme
Ajeno a mi voluntad

Dulce veneno será
Mon souvenir
Te olvidaré
Meine lieber Schatz
Quiero sentir
Avec plaisir
Rien ne va plus
Les jeux sont faits

Clávate
Espinita clávate
En tus ojos puedo ver
Temor y ansiedad

Triste tu rubor
Colibrí de luz
Vida y muerte todo tú
Amaba y no supe que amé

Dulce veneno será
Mon souvenir
Te olvidaré
Meine lieber Schatz
Quiero sentir
Avec plaisir
Rien ne va plus
Mon sort est jeté
Jeté!

Dulce veneno será
Mon souvenir
Te olvidaré
Meine lieber Schatz
Quiero sentir
Avec plaisir
Rien ne va plus
Les jeux sont faits

Bésame
Amapola bésame
Opio y celo acábame
Y no sientas piedad

Clávate
Espinita ven, clávate
En tus ojos puedo ver
La pena...

Amapola bésame

Esta canción habla de la heroína. Trata de los estragos que causa así como sus derivados, el opio y la morfina. Es un bolero que se baila ausente, sin fuerzas y ajeno a uno mismo. Una bellísima melodía desmayada que nace de la colaboración con Carlos G. Berlanga, una de tantas.

Mi generación, la de los cincuenta, fue duramente diezmada por esta droga. Muchísimos amigos, gente brillante y única, cayó víctima de lo que en la calle se conocía como «caballo». Se inyectaba en vena o se fumaba en chinos. Daba igual cómo, acababa siendo letal, y en el proceso el físico se iba lenta e inexorablemente deteriorando. La cabeza quedaba intacta. De ahí que grandes creadores siguiesen activos sin ver su inspiración afectada. Es más, al igual que con todas las sustancias, parecía potenciar su arte. Muy pocos, contados, consiguieron salirse y a muy alto costo. Solo conozco a tres de cientos de ellos. Todos cuentan que su consumo les llevaba a lugares de inmensa placidez, ingrávidos, oníricos, en aras de un estado de total felicidad.

La amapola es la flor de la que se extraen muchos venenos. Con ella comienza el baile.

Para poneros en contexto, la idea era crear un espacio sonoro denso, pesado, forrado de terciopelo grana, y tupido de aire dulzón, el del olor del opio. Un espacio que bien pudiese transportarnos a uno de los cabarets del Tercer Reich, en el que una debutante

Marlene Dietrich encanta a hombres de todas las edades y clases sociales. Todo pesa como el plomo.

Entre los efluvios opiáceos comienza una seducción letal que acabará con el protagonista y con su voluntad, lo primero en desaparecer tras diluirse el pinchazo en las venas.

"Bésame
Amapola bésame
Opio y celo acábame
Y no sientas piedad".

Quien canta le pide a la amapola, es decir, a la heroína, que le dé el beso que le lleve a la perdición, que lo haga con pasión, y que no dude, que no se apiade de sus venas.

"Túrbame
Nuez moscada túrbame
Hazme esclavo, véndeme
Ajeno a mi voluntad".

Aquí se hace referencia al color del polvo de heroína, de color canela o nuez moscada, dependiendo de su proveniencia. Que le llene de rubor, probablemente de alguna vergüenza que deriva de un posible arrepentimiento, pero que le bese, que no tarde. Que le haga esclavo de ella, que le venda. En aquellos tiempos, como en buena parte del ahora, la heroína fue la droga de las prostitutas y de muchos de los que vendían los servicios de sus cuerpos para podérsela pagar. Pasa a rogarle que le haga ajeno a su voluntad, algo que de inmediato sucede, nada más inyectarse.

"Dulce veneno será
Mon souvenir
Te olvidaré
Meine lieber Schatz
Quiero sentir

Avec plaisir
Rien ne va plus
Les jeux sont faits"

La heroína era conocida como un veneno de dulces efectos, pero a fin de cuentas un veneno. Y en concreto, la capacidad que se le atribuye al opio es la de crear visiones, la de creer que puedes tocar los sueños. Todo se hace palpable y tangible. Los olores impactan y son recordados, las luces tienen su temperatura, y las personas con las que te relacionas se confunden con las de la vida real. Las palabras dichas llegan a trascender. Es una versión orgánica de la realidad virtual. Su delirio te hace capaz de expresarte en lenguas extranjeras, lo que de paso convierte a la persona en un ser sofisticado, exquisito. Alguien muy afín a lo decadente. Recuerdo mío, te olvidaré, amado tesoro, te siento con placer. Y como por orden de un *croupier* imaginario que anuncia el final de las apuestas, con él se acaban las voluntades. *"... Les jeux sont faits..."*.

"Clávate
Espinita clávate
En tus ojos puedo ver
Temor y ansiedad"

Como si fuera una espina, la aguja de la jeringa se clava y seguidamente en la mirada de nuestro amigo aparece el brillo del temor y de la ansiedad, algo inevitable cuando no se sabe cuáles van a ser los efectos ni qué le va a pasar. Es la entrada al agujero negro. Un instante de querer deshacer lo hecho. Un instante demasiado tarde.

"Triste tu rubor
Colibrí de luz
Vida y muerte todo tú
Amaba y no supe que amé"

De inmediato, el color de la cara, el de la salud, se apaga. La luz del aleteo frenético que da la vida se esfuma, desaparece. Un rictus nostálgico aflora ahora y se pasa a habitar otro mundo. El aspecto de vivo en muerte, o de muerto viviente, se apodera del protagonista. La droga lo es todo para su adicto. Es vida, es muerte, y es el saber que haces cosas sin saber que las haces: *"... Amaba y no supe que amé...", la* pérdida y entrega de la voluntad.

Luego vuelve al tormento de sus visiones, a esa dejadez que le anula, desvariando en idiomas, pretendiendo algún dandismo. Sigue el baile y cada segundo que pasa le lleva más cerca de la sentencia.

"Clávate
Espinita ven, clávate
En tus ojos puedo ver
La pena..."

En tus ojos puedo ver la pena...

Ya está...

Cuando el tiempo quema

Cuando el tiempo quema
Y el destino se hace esperar
Pido entonces tu clemencia
Golondrina pálida
Agua clara sabe a hiel
Y el amor se fue
A volar, a comer de otra mano.

Caridad y destierro
Que tu pelo me buscará
Loco y ciego no te niego
Que a mi herida vida das
Me derramo sin temor
Caridad, mi amor
Duerme ya mi inflamable deseo...

Canta, cántame
Que una saeta me llora por dentro
Queja, quéjate
Pena, penita, mi flor de lamento
¡Cómo persigo tu caminar!
¡Cómo me dueles, hieres!
¡Ay, Caridad!

Caridad bonita
Por mi sangre hoy juraré
Veinte veces que te amo
Y esta vida que no es quítame.
En la luna hay un temblor...
Caridad, te vi
Ataviada de novia marchita...

Cuenta, cuéntame
Quién en tu noche bordada de perlas
Se aventurará
Ahora que muero no puedo ya verlas
¡Cómo persigo tu caminar!
¡Cómo me dueles, hieres!
¡Ay, Caridad!

Cuando el tiempo quema...
Cuando el tiempo quema...
Cuando el tiempo quema...

Cuando el tiempo quema

Cuando el tiempo quema es una porcelana de extrema ligereza y transparencia. Piel de arroz que envuelve el fuego de una pasión que se desangra.

Este es uno de los textos que más amo. Es una poesía que acerca dos lejanas fronteras nunca antes presentadas, la del Japón y la de Andalucía. Se dan cita en sus límites, como representantes de sus respectivos países, el honorable Natsume Sōseki y el distinguido Federico García Lorca. Ambos van a tejer un manto hecho de la más fina de las sedas, la de la cosecha de gusanos del emperador, y de las notas musicales más exquisitas prestadas por los laúdes de los califatos de al-Ándalus. Todo ello para cantarle una saeta a la Virgen de la Caridad.

Pero no es una saeta cualquiera. Es una cantada por un amante que se quita la vida. Canta mientras se le va, y tiene visiones en las que confunde a su amada con la Virgen. Con los pulsos abiertos, se desangra. Le sobreviene el sueño que le lleva camino a la muerte. Sus últimas palabras, de entrega y devoción, lo son por igual para la Virgen que para su amada Caridad.

"Cuando el tiempo quema
Cuando el tiempo se acaba y urge
Y el destino se hace esperar
Y por un momento se detiene en el umbral la muerte
Pido entonces tu clemencia
Entonces pido tu perdón y pido que me escuches
Golondrina pálida
Amada mía, mi blanca y delicada golondrina
Agua clara sabe a hiel
Todo lo bueno y lo bello, ahora tiene un sabor amargo
Y el amor se fue
A volar, a comer de otra mano".
Porque permitiste al amor que me entregaste, el que era solo mío, que amase a otro corazón.
"Caridad y destierro
Que tu pelo me buscará
Compasión y exilio, eso será lo que me van a traer mis celos por ti, lo que me espera, lo que me resta
Loco y ciego no te niego
Que a mi herida vida das
Cegado de pasión, perdidas las sienes, he de reconocer que aun así das vida a mi sufrimiento, el de mis sospechas y conjeturas
Me derramo sin temor
Me desangro sin miedo, solo siento paz
Caridad, mi amor
Duerme ya mi inflamable deseo...".
Amada mía, mi Caridad, mi fuego y mi tormento van ya hacia el sueño...

"Canta, cántame
Que una saeta me llora por dentro
Queja, quéjate
Pena, penita, mi flor de lamento
¡Cómo persigo tu caminar!
¡Cómo me dueles, hieres!
¡Ay, Caridad!".

En este primer estribillo, el dolor del amante al que se le escapa la vida, queda grabado en cada paso y en cada letra de cada palabra. Le imaginamos apretando su mano en la de su amada, pidiéndole que le haga sentir su dolor. Su *"flor de lamento"* es su amada, por la que tanta pena ha tenido que pasar. Él se ve siguiéndola como quien sigue un paso de Semana Santa, penitente y devoto de ella con sus llagas santas abiertas en carne viva, laceradas y enrojecidas.

"Caridad bonita

Ve a su amada y la confunde con la Virgen.

Por mi sangre hoy juraré
Veinte veces que te amo

La necesidad de jurar, de hacer juramentos por amor, es una necesidad de los amantes que sella un pacto. Siempre se hace con excesos. Él no solo jura su amor una vez, sino veinte.

Y esta vida que no es quítame".

La vida de uno, sin ser vivida también por el amante, no se entiende como vida, y por tanto le pide que se la arrebate.

"En la luna hay un temblor...

Aquí de pronto empieza una visión que se anuncia como un presagio... y no es bueno...

Caridad, te vi
Ataviada de novia marchita...".

Ve a su amada vestida de novia, con todos los adornos y joyas que en realidad pertenecen a la Virgen de la Caridad. En unos de sus atavíos más conocidos, esta Virgen parece estar trajeada de novia. Sus encajes, imitando pétalos, parecen marchitar, culpa del peso de sus traumas. La visión es lúgubre... ve las nupcias de su amante con la Muerte. Es una forma de decirle que la espera pronto en el más allá...

"Cuenta, cuéntame
Quién en tu noche bordada de perlas
Se aventurará
Ahora que muero no puedo ya verlas
¡Cómo persigo tu caminar!
¡Cómo me dueles, hieres!
¡Ay, Caridad!".

El amante le pide a su amada que le diga quién de noche, cuando el firmamento se llene de estrellas, como bordado y cuajado de perlas, tendrá la suerte o la osadía de entrar en su mundo. Muere por conocer su nombre. Y de algún modo, cuando le canta *"ahora que muero no puedo ya verlas",* es como decirle que poco importa quién vaya a ser el afortunado, pero que le cuente quién es, que nada puede hacer ya. Y le repite una vez más, le confirma su más absoluta devoción, la de esclavo de su paso.

"Cuando el tiempo quema...
Cuando el tiempo quema...
Cuando el tiempo quema...".

Mientras se repite el verso, ya transformado en letanía, el amante se apaga... y el tiempo quema su tiempo, como un cirio.

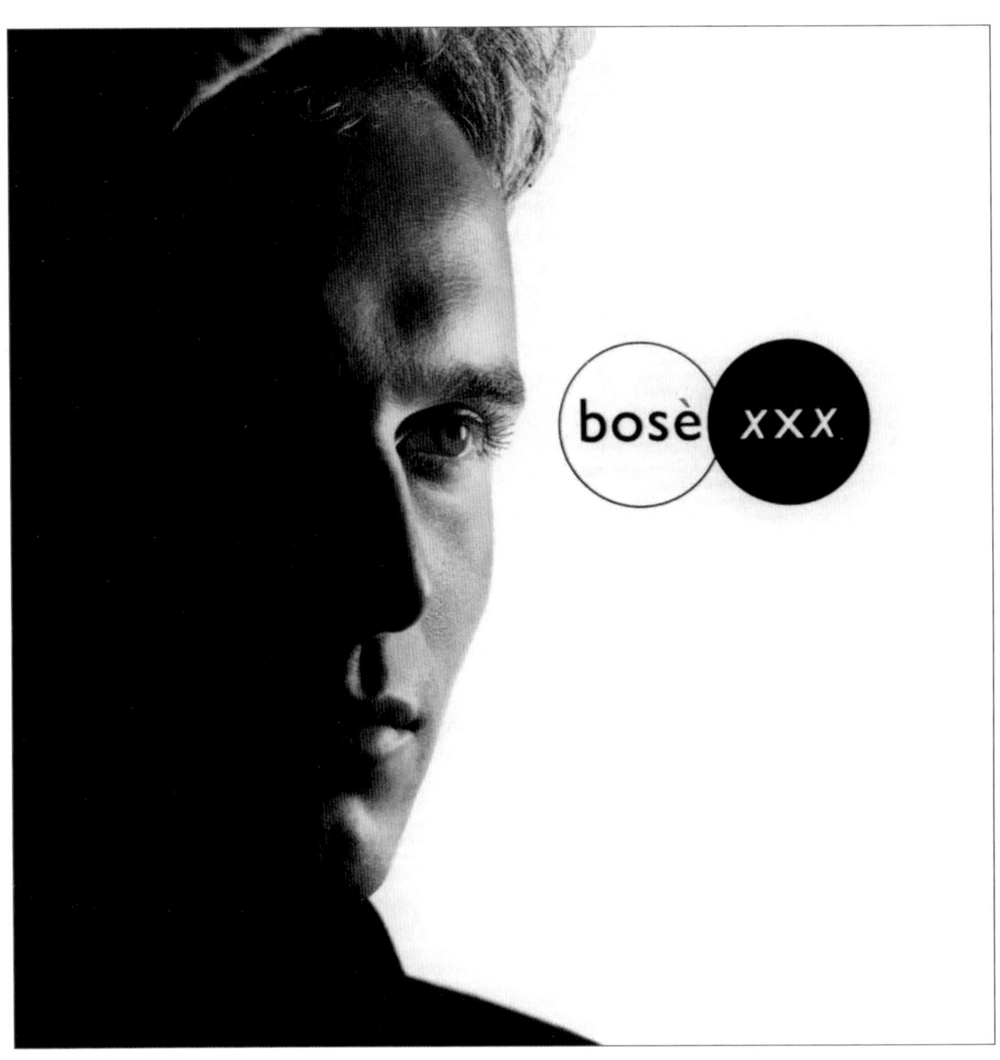
bosè
XXX

BOSÉ XXX

1987

Como un lobo

Parece que
El miedo ha conquistado
Tus ojos negros
Profundos y templados
¿Qué va a ser de ti?
¿Qué va a ser de ti?

Panteras son
Vigilan mi destierro
Me he condenado
Y en ellos yo me encierro
¿Qué va a ser de mí?
¿Qué va a ser de mí?

Miénteme y di que no estoy loco
Miénteme y di que solo un poco
¿Quién teme, quién teme di,
si yo me pierdo?
¿Quién teme, quién teme, di?

Mi corazón
Salvaje y estepario
Lamió poemas
Caídos de tus labios
¿Qué va a ser de ti?
¿Qué va a ser de ti?

Tu pecho es
Tan cruel como bendito
Tu cuerpo, en fin
Babel y laberinto
¿Qué va a ser de mí?
¿Qué va a ser de mí?

Miénteme y di que no estoy loco
Miénteme y di que solo un poco
¿Quién teme, quién teme di,
si yo me pierdo?
¿Quién teme, quién teme, di?

Mil años pasarán
Y el duende de tu nombre

De luna en luna irá
Aullando fuerte
¡Woh! ¡Woh! ¡Woh! ¡Woh! ¡Woh!
Miénteme y di que no estoy loco
Miénteme y di que solo un poco
Miénteme y di que no estoy loco
Miénteme y di...

Y como un lobo voy detrás de ti
Paso a paso tu huella he de seguir
Y como un lobo voy detrás de ti
Paso a paso tu huella he de seguir
Y como un lobo voy detrás de ti
Paso a paso tu huella he de seguir
Y como un lobo voy detrás de ti
Paso a paso, paso a paso...

Como un lobo

El lobo es un animal noble y fiero. Cada manada tiene un líder. Solo él se aparea y lo hace con su hembra alfa. Esta es la historia de mi lobo, mi «nahual», mi *alter ego,* mi guardián tutelar. Este texto va dedicado a él. Es una canción ritual. Cuenta cómo se comporta un hombre cuando está bajo la influencia de poderes sobrenaturales.

En la primera estrofa, la caza elegida por el lobo siente que algo o alguien la observa, la acecha, y se llena de temor. Sus ojos negros, hondos y febriles, como los de una cierva en el bosque que presagia un peligro, se saben vigilados. El depredador se pregunta cómo va a acabar, qué será de ella. Él sabe cuál será su fin...

En la segunda estrofa, la mirada de su presa es comparada con dos panteras que observan al cazador, que se fijan desde la distancia que les separa, idéntica a la soledad del que ama sin querer ser notado, atrapado en el deseo en el que cumple condena. Reflexiona sobre cuál será su destino.

Arranca el estribillo con una petición, que su amada le mienta, que le asegure que no se ha vuelto loco, loco de amor. En todo caso, solo un poco. No quiere perder la cordura. De perderla, a nadie le importaría, y eso le inquieta.

En la tercera estrofa, el amante se convierte en su «nahual» y cuenta cómo su corazón, solitario e indómito, al igual que sucede entre cánidos, lame a su pareja en señal de afecto. En concreto y en este caso se refiere al lamido de los labios de su vulva, tan deliciosos como poemas. En este punto, el erotismo toma mucha fuerza. Turba los sentidos en el poema. Describe cómo el «nahual» se encarna en hombre y traslada los rituales animales a su humanidad. Me parecía una imagen poderosa, un juego *spinto,* al límite. La hembra se deriva en el cortejo del macho. Él se pregunta qué será de ella, perdida como lo está en su gozo. La observa. Y sí, va mucho más allá de lo erótico.

En la última estrofa, el lobo amante admira el pecho de su presa amada, el que tanta devoción y penitencia le provoca, a partes iguales. Aquí entramos en las faenas del amor bien hecho, el de dos físicos que se abrazan y sudan. Ante él, un cuerpo en el que se derrocha. Extravía sus sentidos y su razón en el deseo. Entra en esa barrena de pérdida de voluntad que desarticula al más fuerte. Su presa es a la vez su amor y su alimento.

Vuelve a pedir que se le mienta, que le sea dicho que ese abismo de locura al que se inclina no es tan grande como el que teme e intuye que pueda ser.

El lobo amante, el «nahual» guardián, quedará siempre vigilante de las lunas llenas que se vayan sucediendo. Aullará de noche en recuerdo de la magia oculta en el nombre de la amada. Lo hará por toda una eternidad. Es un pacto. Un gesto de fidelidad inquebrantable, en el caso de perderla o de ser abandonado.

Y como un lobo, solitario y estepario, incansablemente, paso a paso, irá siguiendo el rastro de su dama, olfateando las huellas, las ramas partidas por donde al pasar dejó colgado el olor en su pelaje. Pacientemente, obsesivamente, con determinación, truene o nieve.

Y con él nos vamos...

Este texto, que viaja entre lo humano y lo animal, a pesar de lo salvaje, es, sin embargo, de extrema delicadeza. Combina la caza con la admiración y el culto por la presa, algo que en mi memoria resuena a algo muy ancestral y casi sagrado.

Que no hay

Que no hay
Calidad humana que me pueda dañar
Intención pagana que no quiera probar
Que no hay...

Samurái
Corazón valiente de armadura carey
Vagabundo demente ebrio en luna maguey
Samurái...

Y en verdad os digo que soy lo que no veis
Falso paraíso yo
Contradicción
Extraña invención
Y al ser vulnerable me vuelvo invencible

¡Oh, mi libertad!
¿Qué impuesto mágico me ha de costar?
¡Oh, mi soledad!
Si bien irónico he de confesar
Que vivo y muero en tu nombre
Progreso en tu nombre...

Dejo que
El instinto alerta me conduzca al placer
Una puerta entreabierta pa'l que quiera saber
Dejo que...

Y en verdad os digo que soy lo que no veis
Duda y precipicio yo
Sutilidad
Buscando mitad
Un ser imposible y por tanto excusable

¡Oh, mi libertad!
¿Qué impuesto mágico me ha de costar?
Y digo... ¡Oh, mi soledad!
Si bien irónico he de confesar
Que vivo y muero en tu nombre
Respiro en tu nombre...

¡Oh, mi libertad!
¿Qué impuesto mágico me ha de costar?
Y digo... ¡Oh, mi soledad!
Si bien irónico he de confesar
Que vivo y muero en tu nombre
Respiro en tu nombre...

Que no hay

El álbum *"XXX"* es un álbum parteaguas. Producido por Tony Mansfield, líder del grupo de culto New Musik, propone un pop sofisticado y de sonido claramente sajón. El repertorio, escogido al microscopio, se catapulta hacia el futuro y abre un abanico de caminos que complementan a los dos anteriores trabajos, ya en sí innovadores y rompedores, me refiero a *"BANDIDO"* y a *"SALAMANDRA".* Exiliados en el estudio The Ridge Farm, propiedad del ingeniero de sonido Frank Andrews y de su hermano Billy, ubicado entre Surrey y Sussex, al sur de Londres, Tony y yo pasamos cuatro meses delirando e inventando entre partidas de *snooker* y *pies* de manzana con *custard.* Allí, en la habitación de mi pequeño *cottage,* nacieron todos los textos de este inmenso y meticuloso trabajo, uno que marcó a toda una generación de fans que se hizo llamar, y que aún se autoproclama, Generación XXX.

"Que no hay" es, sin duda alguna, la exquisitez de este álbum. Viaja en una cama de arreglos versados en el *cool jazz,* con sonidos pertenecientes al mundo pop. Cada parte tiene su mundo sonoro, y está concebida como un «humor aparte». Esa fue la intención.

Pasaba por un momento de mi vida muy delicado, uno de tantos. Mi corazón, ocupado en una historia imposible que me desgastaba hasta llevarme al borde de un precipicio abismal que se anunciaba catastrófico, levantaba rumores malsanos. A pesar de lo apartado que estaba del mundo, falsos amigos se preocupaban en hacerme llegar todas las maldades.

Era objeto del deseo de muchos, y de alguna manera, el ser y el hacerme inalcanzable, el no entrar al trapo de sus envites, sacaba de quicio a sus lenguas. Las especulaciones de todo tipo eran las consecuencias, un castigo con el que un sector de la escoria humana pretendía hacer daño. Sí, me refiero a ellos.

Todo esto, vivido en soledad, aislado y pese a lo muy inmune que era, dejaba poso, hacía mella. Escribir fue un alivio, mi válvula de escape.

El texto empieza por una declaración casi axiomática, *"... Que no hay calidad humana que me pueda dañar..."*. No era una advertencia, no una constatación, era una sentencia. Daba igual a qué tipo de humanidad se perteneciese, dejaba claro que ninguna de ellas podría herirme. Quedaba, así pues, practicado el exorcismo, y fuera de toda *"... intención pagana que no quiera probar..."*, de toda aquella malasangre que lanzaba rumores y bulos, solo porque no podían tenerme, todos aquellos que jamás pudieron entrar a hacer parte de mi mundo. Los mismos agriados de sangre que hoy están fuera, derrochando venenos. Los infames. Les mandaba el mensaje de que conocía perfectamente sus intenciones. Todo ello cantado, y esto es importantísimo revelar, con voz andrógina, en tesitura alta volcando a falsete. Cantada desde la misma descarada ambigüedad que ellos incendiaban con acusaciones y sospechas.

Y de inmediato, como por encanto, vuelve a aparecer la figura del samurái, la omnipresente en prácticamente todos mis trabajos. Aparece plantando cara, sereno y noble defensor de los justos y nobles, de las damas y de los infantes, de los oprimidos y atacados. Se planta en medio de una pausa, se presenta con su *"... corazón valiente de armadura carey..."*, un corazón que no teme a nada ni a nadie, protegido por un caparazón de una materia orgánica de valor muy preciado, otorgada en ofrenda por un animal sagrado, habitante de los mares más cálidos, la tortuga carey. Esta imagen traza una línea entre ese corazón y el resto, de valor menor, en una sola toma de dosis de autoestima.

"... Y en verdad os digo que soy lo que no veis, falso paraíso yo, Contradicción, extraña invención, y al ser vulnerable me vuelvo invencible...".

Entra aquí la sentencia clave de este poema, *"... Y en verdad os digo que soy lo que no veis..."*, que llega cargado de compasión y de desprecio. La necesidad de hacer sentir al enemigo que está equivocado es una apuesta de riesgo a la vez que un acto de crueldad. ¡Pero qué deleite! Comunicarle que de ti no sabe NADA, aunque piense que TODO lo sabe, ya en sí es una victoria. Si pensaron que mi naturaleza se asentaba en la perfección del paraíso, bueno... es falso. Si creyeron que podrían derribar mi aparente integridad bien orquestada, bien, entérense de que soy una absoluta contradicción. Soy una *rara avis* a la que no se puede catalogar. Y, por ende, al estar lejos de lo que sublimáis, quedo fuera del alcance de sus definiciones, las que ustedes atacan, las que les crean el falso placer de disfrutar en el derribo de un ídolo. De ellas me escapo. Esas que ven en el espejo, mi reflejo, no yo. Soy invencible porque puedo curarme de todas y cada una de las heridas infligidas. No soy un dios, soy hijo de Dios.

"¡Oh, mi libertad! ¿Qué impuesto mágico me ha de costar?...". ¿Cuál es el coste de mi libertad? De tener ese encanto prodigioso que todo humano está dispuesto a pagar, yo lo pago.

"¡Oh, mi soledad! Si bien irónico he de confesar que vivo y muero en tu nombre, progreso en tu nombre...", va dedicado al bastión que suponía mi condición de estar solo, del que tanta fortaleza extraía. La soledad, para muchos un temor, fue siempre para mí un lugar de poder. Refugio y centro operativo, la he buscado, incluso perseguido incansablemente. Lo sigo haciendo. Es mi bálsamo en el que encuentro la serenidad necesaria y lúcida para poder pausar, pensar, proyectar y planear. En definitiva, progresar. La soledad que respiro.

En el siguiente paso confieso ser gobernado por mis instintos carnales, los que no escondo, *"dejo que el instinto alerta me conduzca al placer…",* y a los que invito a curiosos y *voyeurs* a que espíen y descubran, por los resquicios y pistas que voy dejando:
"… una puerta entreabierta pa'l que quiera saber, dejo que…".

Vuelvo a insistir, ya que sois torpes e ignorantes… *"Y en verdad os digo que soy lo que no veis, duda y precipicio yo, sutilidad buscando mitad, un ser imposible y por tanto excusable…",* nada más lejos de lo que lo que podáis imaginar, soy. Nada más diferente a ello. Tan inseguro me considero, que puedo nadar vacilante y salir ileso en el intento. Soy un compendio de pequeñas, imperceptibles, inadvertidas piezas que solo buscan a alguien que las quiera y las arme. Y por ser tan improbable, tan absurdamente inadmisible y carnal, se me fue concedida la licencia de ser un hombre común.

"Que no hay" es, aún hoy, un excelente y válido autorretrato de actitudes y posicionamientos, de creencias y valores. Una carta de presentación para los intrusos.

Duende

—¿Hay alguien allá afuera?
—Hueyatlán tetehuica autlatoa totonametl in manic...,
que quiere decir... el mar que late y habla con la voz
del que perdura resplandeciendo...
—¿Y quiénes son sus habitantes?
—Son ellos... ¡míralos!

Tabú de luna
Reina tú, cliché
Bienvenida fortuna
De un cowboy glasé.

Y están, están paraos, están paraos
Y están, están de pie en un mundo aparte...

Si es duende ¿quién será?
¿Vivirá en anónimo deseo?
Si es ángel, ¿cantará?
De no ser... ¿por qué cayó del cielo?

Tacón pintado
De carmín, betún
Y un ambiguo dorado
Sin carné, debut.

Y están, están paraos, están paraos
Y están, están de pie en un mundo aparte...

Si es duende ¿quién será?
¿Vivirá en anónimo deseo?
Si es ángel, ¿cantará?
De no ser... ¿por qué cayó del cielo?

Si es duende ¿quién será?
¿Vivirá en anónimo deseo?
Si es ángel, ¿cantará?
De no ser... ¿por qué cayó del cielo?

Noches de melancolía
Esperando el día...

Y están, están paraos, están paraos
Y están, están de pie en un mundo aparte...

Si es duende ¿quién será?
¿Vivirá en anónimo deseo?
Si es ángel, ¿cantará?
De no ser... ¿por qué cayó del cielo?

Si es duende ¿quién será?
¿Vivirá en anónimo deseo?
Si es ángel, ¿cantará?
De no ser... ¿por qué cayó del cielo?

Si es duende, si es duende ¡oh!
Si es duende, si es duende ¡oh!
Si es duende, si es duende ¡oh!
Si es duende, si es duende ¡oh!

Duende

El parlamento de apertura está recitado en *náhuatl,* antigua lengua de México y Centroamérica. Se inspira en uno de los poemas de Moctezuma. Era mi intención hablar en un idioma que tuviese cierto halo de misterio, el mismo que guardan los habitantes de la noche, los que pasean las aceras y revolotean en la luz de las farolas. Esos que parecen llegar de otros mundos, pertenecer a civilizaciones extraterrestres. Son ellos... ¡míralos!

Con un destello sónico, digno de *La guerra de las galaxias,* se levanta el telón y de inmediato nos adentramos en la noche. Visitamos a sus pobladores, gente variopinta, únicos todos, como salidos de un circo galáctico. Esta canción se centra en describirles, sus actitudes, sus vestimentas. En particular va dedicado al mundo transformista, al travesti, ese con una capacidad insólita para calzar e interpretar a personajes que van más allá de la fascinación.

Recuerdo Roma... Durante mis años de estadía, uno de los momentos más esperados llegaba con el viernes, pasada la medianoche. Junto con dos amigos, montaba un coche dirección a las Termas de Caracalla, lugar de alterne de muchas estirpes. Sin tener que pagar entrada, nos quedábamos horas viendo un espectáculo de triple sesión, que acababa solo cuando nos vencía el sueño. Bajábamos a pasear entre ell@s y escuchábamos sus historias. Casi todas rozaban la ciencia ficción. De ahí que quedásemos convencidos del origen extraterrestre de aquellos seres. Sus nombres eran imposibles. Un@ de ell@s, Tabú de Luna, era alt@ como una montaña y calzaba un cuarenta y cinco, por veintitrés de alza. Era un gigante amable de voz ronca y acento *romanaccio,* y carnicero de lonja de profesión. De hecho, creo recordar que solo trabajaba los fines de semana, exceptuando el viernes que hacía «turno largo», de medianoche a cuatro de la mañana. De las Termas iba directo al matadero y se cambiaba en el coche, para volver a ser Nando, el padre de tres hijos varones de entre nueve y trece años, marido amado de Nadia, un ama de casa devota, a la que Nando nada escondía. Él y ella, Nando y Tabú de Luna, son la fuente de inspiración de este estupendo tema compuesto por Martin Ansell, extraordinario guitarrista británico.

"Tabú de Luna", nombre de arte de nuestro personaje, es una reina de la noche, travestida de profesión, transformista de alma. Cada día le da la bienvenida a la fortuna, si es que llega y le sonríe, y si no, actúa a gritos su papel. Vestida de *cowboy,* con enorme sombrero tejano de lentejuelas doradas, hace girar un lazo con su musculoso brazo. Su atuendo está hecho de glasé, una tela de seda y metal muy usada en los *shows* de rodeos de Las Vegas. Recorre las aceras aullando a todo dar, esperando atraer clientela. Es un yeti de purpurina, un portento de la naturaleza.

Mientras tanto, l@s demás, parecen estar fij@s. Están parad@s, quiet@s y en pie, viendo pasar la caravana de oportunidades. Quedan pasmad@s, observando a los mortales que les gritan piropos y otras fórmulas. No se inmutan, parecen no entender las lenguas que les hablan. Vienen de otros mundos o están en unos hechos de sustancias que no l@s alteran. Viven en un mundo distinto al que vivimos los demás, un mundo aparte.

Probablemente sean duendes, se pregunta el cantante, y si lo son, ¿quiénes serán?, ¿qué deseo habitarán?, ¿cuál de todos ellos? Tal vez deseen tener cuerpo terreno, o hacer parte de alguna historia de *Las mil y una noches* o, simplemente... ser. A saber... O puede que sean ángeles porque parecen caídos del cielo. Si lo son, ¿cantarán? No, no son ángeles, son seres que llegan de otra dimensión, de un mundo paralelo al nuestro, uno aparte.

Sus zapatos son grandes, sospechosamente grandes. Y sus tacones parecen haber sido pintados por besos de carmín salvaje. Otros por el betún del asfalto en el que se hunden, de tanto marear p'arriba y p'abajo. Y mirad cómo el dorado de la tela de sus minishorts se abulta ambiguamente por las entrepiernas, observen. Casi a punto de reventar, a casi nada. Pero ahí siguen plantados los habitantes de la noche, como antorchas, como espadas clavadas en tierra. ¿Acaso no os parecen fascinantes?

Una tras otra, transcurren las noches. Para un@s con más suerte, para otr@s, fluyendo a través de la melancolía, de esa que les asalta con el rayar del alba. Tod@s ell@s esperando el día, esperando un nuevo mañana, llen@s de aburrimiento.

Pero contra viento y marea, ahí siguen cada una en su nicho, impávidas, con sus rasgos pintados derretidos bajo el claroscuro de las farolas, bombillas de polilla, o simplemente por su luz de luna. Ahí l@s tienes, con sus cueros *heavy metal* o sus tules de bailarina desgarrada, pero bien paradas, firmes, imposibles.

¡Míralos!

MIGUEL BOSÉ
Los Chicos No Lloran

LOS CHICOS NO LLORAN

1990

Bambú

Como una intrépida libélula
Ante el espejo toda incrédula
Pone un reparo a su extrafécula
¿Yo me la como o no?

Va y se maquilla su melancolía
Haciéndose la que no ve, me espía
Y guiña un ojo y sé que es toda mía
¿Me la como o no?
¿Y tú?

Él va y se enreda con su pátina
Con su elegancia neodiplomática
No atina a ver cuál es mi táctica
¿Si me la como o no?

Y mientras que ella plancha el corazón
Yo le doy bambú
Turap tuhé... ¡oh yeah!
Y mientras que ella con pasión
Da a la llave yo le doy bambú
Turap tuhé... ¡oh yeah!

I wanna get through the night
I wanna wanna wanna wanna wanna
Get through the night

Ali Babá ¿qué estoy haciendo? ¡Oh!
Trágame tierra, ábrete Sésamo
Que en esta historia acabo siendo
 el malo yo
Ya me la coma o no

Y venga dai amore dai, dimmi chi sei?
Tú que de repente prendi
 tutti i sogni miei

Y mientras que ella plancha el corazón
Yo le doy bambú
Turap tuhé... ¡oh yeah!
Y mientras que ella con pasión
Da a la llave yo le doy bambú
Turap tuhé... ¡oh yeah!

I wanna get through the night
I wanna get through the night
I wanna wanna wanna wanna wanna
Get through the night

Y Eva le cuenta a toda su amistad
Que Adán va haciendo obras de caridad
Y al gato mata la curiosidad ha ha
¿Yo me la como o no?

Y venga dai amore dai, dimmi chi sei?
Tú que de repente prendi
  tutti i sogni miei

Y mientras que ella plancha el corazón
Yo le doy bambú
Turap tuhé... ¡oh yeah!
Y mientras que ella con pasión
Da a la llave yo le doy bambú
Turap tuhé... ¡oh yeah!

Y mientras que ella plancha el corazón
  yo le doy, yo le doy, bambú, bam, bambú
Y mientras que ella con pasión
  da a la llave yo le doy bambú
¡Yo le doy bambú!
Y mientras que ella plancha el corazón
  le doy bambú, bambú, bambú
Y mientras que ella con pasión
  da a la llave, da a la llave yo le doy
  bam bam bambú

¡Ho!... ¡Bambú!
¡Ho!... bam bam bam bambú
¡¡¡Aaaaaaaaahhhhh!!!

Y mientras que ella plancha el corazón
  yo le doy bambú bam bam bambú
Y mientras que ella con pasión
  da a la llave yo le doy
  bambú bambú bambú
Bam bam bam bam
Bam bam bam bam
Bam bam
Bambú...

Bambú

Esta historia está basada en hechos reales. Cualquier similitud con rumores al respecto son ciertos y sus personajes no son ficticios, tienen nombres y apellidos, pero aquí no se van a revelar. Si eres muy capaz, atarás hilos. Tirando de ellos puede que obtengas pistas que te lleven a claves, que te proporcionen rastros que… pero mejor te cuento la historia. Eso sí, antes de adentrarte en ella, te recomiendo ver el vídeo original correspondiente. El que rodó mi hermano Berlanguita y en el que estamos todos, los aún vivos y los muertos. Sentirás y palparás el espíritu goliardesco que entre amigos derrochamos durante la grabación, la misma que oirás cantada, la idéntica a la del fin de fiesta en la historia real. Roberto Colombo, mi productor, estuvo a la cabeza de una horda de creadores que se desborda en los arreglos y en la estructura de la canción, una muy compleja.

Pero es que esta historia, es de puertas que se abren y cierran, de pasillos, recovecos y mirillas.

Se necesitaba una arquitectura laberíntica e hipercontaminada de presencias y susurros. Ahí te va...

No voy a diseccionar el texto de la canción, como he hecho con muchos antes. En este caso contaré la historia de principio a fin y tendrás que ir siguiéndola a pie de letra... o persiguiéndola. El tono es el los relatos cortos de Gerald Durrell, esos demenciales, tan llenos de humor y accidentes, que manejaba con absoluta destreza.

Toscana, final de los ochenta. Se casa un muy querido amigo italiano. Los invitados más cercanos al matrimonio quedamos hospedados en la maravillosa villa de familia del esposo, en lo alto de una colina, dominando olivares y viñedos. Llegamos con holgura, un par de días antes de la ceremonia. Soy testigo del novio y no puedo fallarle. Es primavera y el calor empieza a picar. En la segunda planta están las habitaciones de invitados. Se me asigna la segunda a la derecha del pasillo central, subiendo las escaleras. En la primera y tercera me flanquean otros dos buenos amigos de correrías. Me siento a salvo. Por la ventana entra una tibia brisa húmeda con olor a heno. No sé quién me habrá tocado enfrente. Entreabro la puerta y veo subir a un matrimonio de mediana edad. Son ellos mis vecinos. No me ven, no se dan cuenta de que les observo. Ella es bonita, carnosa y con curvas, rondando los treinta y cinco, y él... un hombre elegante y un tanto rancio, en sus cuarenta. Aparentan quererse. Él abre la puerta y se mete en su cuarto. Deduzco que no duermen juntos. Ella se rezaga. Se sabe contemplada. Se detiene. De reojo, ve que la estoy examinando. Entreabro más la puerta que cruje y me descubro. Ella me sonríe, empuja la suya y desaparece. Acabo de enamorarme. Mi corazón va a mil.

Por la noche hay cena sentada y cada quien se toma el tiempo para asearse y prepararse. Tumbado en la cama, pienso en qué estará haciendo mi vecina bonita. Me levanto, entorno la puerta y tengo dos vistas, en dos puertas casi contiguas. Una, semiabierta, la de ella. La otra, semicerrada, la de él.

Ella se apresura ante el espejo, actúa con frenesí, llega tarde. Leo en su mirada que algo no va. Es su cuerpo, su descontento. Se querría más firme, yo no. Sus formas redondeadas son la parte crucial de su sensualidad, la que me pone en cruz. La espío y me la como con los ojos. Me imagino todo lo que podría llegar a hacerle. Se maquilla y borra del rostro cualquier rastro de tristeza, la de su vida amorosa, tal vez, pienso. De pronto, un reflejo en el espejo, el mío, acechándola por el resquicio de mi puerta. Me caza, pero hace como que no me ha visto. Un juego largo de miradas. Nos relamemos. Me guiña un ojo y de inmediato sé que la tengo en el bote. Me la comería entera, ¿y tú en mi lugar qué harías? Aparto la vista y miro hacia la otra puerta...

Él está igualmente atareado. Se engomina el pelo y se viste en exceso, como si fuese a ir a una fiesta de embajada.

De hecho, tiene planta y pinta de ser diplomático. Está tan absorto en su vanidad que no se da cuenta de lo que se trama una puerta más allá, la de su mujer. No se imagina que estoy a nada de comérmela, a esto de calzarle un par de cuernos. Se cepilla el traje, sale y se va... vía libre.

La pillo en *déshabillé,* planchando en tabla sus emociones. Se sobresalta, pero ya es demasiado tarde. Se agacha sobre la plancha, se abre ligeramente, y se destapa, ofreciéndose. Entro en ella y empieza el baile. Tengo que aguantarme las ganas porque lo clandestino me puede. Y le doy bambú, bam, bam, bam, más bambú, bam, bam, bam. Ella se muerde la mano que sofoca sus gritos. No sabe que su marido no está, yo no le digo nada y le doy más bambú. Bam, bam, bam, bambú. Ella se moja y yo me caliento. Me dice que pare, tiene que ir a ver dónde está su marido, y a poner el baño. Me pide que la espere. Se va. Yo no aguanto. Me voy tras ella. La pillo abriendo la llave del grifo de la bañera, y, sin avisar, la agarro y mientras que va tomando temperaturas al agua, yo le sigo dando bambú y más bam, bam, bam...

Quisiera que esta noche pasara rápido para volver a estar aquí de vuelta, mañana...

Me siento como un ladrón, como Ali Babá, pidiéndole a mi Sésamo que se abra de par en par. Pienso que como alguien entre se va a armar y encima voy a ser yo quien tenga la culpa, cuando a fin de cuentas fui explícitamente invitado a la cueva. Al final el malo seré yo.

Ella me llama amor mío y no para de preguntarme quién soy. Dime quién eres, tú que de pronto tienes cogidos todos mis sueños en tus manos, me dice. Cuando en realidad lo que tengo agarrado son sus pechos, cálidos y suaves, las riendas de mi calentura.

Así estamos, de sillón en mesa, de alfombra en armario, hasta que por fin, el estrés cede al placer, a fuerza de tanto bam, bam, bam, bambú.

Ella grita, yo grito, nos vamos juntos y alguien llama a mi puerta y también grita... *«la cena è pronta, Miguel... dai... sbrigati!».*

No tardó en relatarle a más de una amiga todo lo ocurrido, con pelos y señales, desatando así la curiosidad en el resto de las gatas. Al parecer fui apodado *Il Misericordioso,* según me chivaron mis compadres. El hombre desconocido que hacía caridad entre las desconsoladas señoras. Se corrió la voz, lo que me costó más de un goloso abordaje en las siguientes nocturnidades de los jardines de aquella Toscana. No paré de repartir bambú y ellas de preguntarme que quién era... hasta que al final se supo.

Si te cuentan que caí

Si te cuentan que caí, sí
Besa al vuelo mi herida de paloma
Que beso amando tu perfil
Y en tu abrazo deriva mi persona
¿Dónde perdí el corazón?
Vive en tus ojos buscando calor...

Si te cuentan que caí
Pon tu boca de la mía siempre cerca
Boca bálsamo de olvido
Que tu risa es como una voltereta
¿Dónde perdí el corazón?
Sueña sereno y se ha partido en dos...

Moriré por ti
Viviré lo queda de mí
Volaré hasta un punto que quiebra en deseo

Átame con tu amor inmenso
A un cielo mayor
Clávame en tu delirio al tiempo
Que encuentre el valor
Átame con tu amor más fuerte
Que espero tu ley
Siente, tócame y clávate en mi mente
Tu amor es mi rey

Noche madre, noche espina
Noche tibia que asoma luna turca
Si me quieres estaré, sí
Enhebrando mi vida por tu aguja
¿Dónde perdí el corazón?
Creo que al fin en tus manos cayó...

Moriré por ti
Viviré lo queda de mí
Volaré hasta un punto que quiebra en deseo

Átame con tu amor inmenso
A un cielo mayor
Clávame en tu delirio al tiempo
Que encuentre el valor
Átame con tu amor más fuerte
Que espero tu ley
Siente, tócame y clávate en mi mente
Tu amor es mi rey

Puedes tú
Puedo yo
¿Romper este silencio?
¿Quieres tú?
¿Quiero yo?
Despacio me voy...

Si te cuentan que caí

Este es otro de mis textos favoritos. No solo porque habla de desgarro amoroso, tan difícil siempre de contar, sino porque vencer la barrera de lo íntimo, y hablar de ello, supone un ejercicio siempre delicado de abordar. Las heridas del desamor a nadie gusta compartirlas. Son parte de las vergüenzas privadas. Mostrar debilidades o hacerlas públicas, estando ya tan lejos de los tiempos del romanticismo, no está bien visto, desmerece. Y sin embargo, todos vivimos estos embates y los padecemos. Es un patrimonio que tenemos en común. Pero al parecer, todos queremos a los fuertes y descartamos a los que se dejan quebrar. Quien más te quiera, te querrá sólido como la proa de un rompehielos. De lo contrario...

Ahora que vuelvo a ella, siento que esta historia sigue doliendo.

En ella, el «yo» amante se abre en canal ante los ojos de su «tú» amada, se desgrana y confiesa. El texto tiene forma de carta, pudiera ser una.

Las noticias vuelan de boca en boca, entre dimes y diretes, rumores. *"Si te cuentan que caí...",* si vienes a saber que me derrumbé, que tropecé. Una imagen heroica del amante tocado de muerte, abatido por el desamor, un hecho que en su momento se hizo público. *"... besa al vuelo mi herida de paloma...",* en nombre de lo que tuvimos, habla de mi dolor con respeto, de manera pacífica y luego déjalo ir. *"... que beso amando tu perfil, y en tu abrazo deriva mi persona...",* que yo sigo conservando el mismo amor que te tuve, sigue intacto, lo venero y beso, cada día, cada noche, y abrazado a ti, me abandono en tu corriente, me dejo ir en tu recuerdo. *"... ¿Dónde perdí el corazón? Vive en tus ojos buscando calor..."*. Esta misma pregunta será hecha tres veces a lo largo de la canción, y a cada vez tendrá una respuesta en progresión. En este caso, se cuenta que mi corazón está perdido en tus ojos. Allí está a salvo, allí caliente acurrucado ante el fuego de tu chimenea.

"Si te cuentan que caí, pon tu boca de la mía siempre cerca, boca bálsamo de olvido, que tu risa es como una voltereta...". Si oyes decir que me vieron tocado, que tu boca diga siempre lo mismo que la mía. Que nuestras versiones de la historia sean idénticas, como cuando nos contábamos las cosas a nada de distancia...

«La mía boca tan lejos de la tuya
Como igual de cerca la tuya boca de la mía
La exacta de un beso...».

Esa boca que tanta serenidad que me dio, que me sigue dando. De la que salía una risa que me colmaba de alegría, revolcándome por el aire con mil piruetas. Que se sepa que tu aliento es uno con el mío, por siempre. *"... ¿Dónde perdí el corazón? Sueña sereno y se ha partido en dos..."*, mi corazón está tranquilo, ahora reposa, aunque partido.

Por ti soy capaz de todo, de morir aguantando hasta el fin del último hilo de vida que me quede. Quiero volar alto, y encontrar ese momento suspendido en la nada, en el que todo se desea, se parte y se transforma en deseo. Y volver a desearte una y otra vez. *"Moriré por ti, viviré lo queda de mí, volaré hasta un punto que quiebra en deseo..."*.

"Átame con tu amor inmenso
A un cielo mayor
Clávame en tu delirio al tiempo
Que encuentre el valor
Átame con tu amor más fuerte
Que espero tu ley
Siente, tócame y clávate en mi mente
Tu amor es mi rey...".

En los estribillos la pasión estalla hasta extremos religiosos, rozando la mortificación, el martirio. A fin de cuentas, pretenden reproducir la imaginería católica romana con la que se nos ha venido ilustrando la fe. Y el amor es fe, es una cuerda que ata al cielo, es un clavo que clava al tiempo, es una fuerza que esclaviza, un tirano del que acabamos siendo súbditos.

"Noche madre, noche espina, noche tibia que asoma luna turca...", nos sitúa en un escenario menos turbulento que el de las tribulaciones de la puesta en cruz por el amor del estribillo, y regresamos a una cierta paz, a una cierta cordura, la que la noche trae. Una noche amable como una madre, y, sin embargo, guardando la memoria de sufrimientos. Es la corona que porta el Cristo, que siempre nos recuerda lo padecido. Brilla la luna en gajo menguante, lo hace en calma. *"... Si me quieres estaré, sí, enhebrando mi vida por tu aguja...",* nos ubica al «yo» amante en actitud serena, desvelando su conducta, la de una Penélope hombre que pacientemente se apresta a bordar el entramado de su destino con el hilo de su vida, enhebrado en el ojo de la aguja de su amada, una herramienta que no deja de ser amenazante. Esta es una imagen conciliadora, aunque definitivamente ya rendida. *"... ¿Dónde perdí el corazón? Creo que al fin en tus manos cayó...".* A la tercera vez que se lanza la pregunta, la respuesta es concluyente y no deja lugar a duda. El «yo» amante, finalmente se entrega al «tú» amada. Fin de la historia. Hay un victorioso y un prisionero.

Regresan los estribillos para ratificar la entrega del corazón. Que la voluntad de la amada sea hecha. En el cierre se proponen más preguntas que quedan en el aire. Se pide que alguien hable o si no, que calle. Suenan las luces de algún lugar lejano hacia el que el amante se encamina, pone rumbo.

Las canciones y las letras imprimen en su memoria lo que en el momento de su creación estaba sucediendo. Perdonar es fácil, puede ser hecho casi de inmediato. El problema es que no sabemos cómo hacer para olvidar. Repito y lo confirmo... esta historia sigue doliendo.

Los chicos no lloran

Con un canalla como yo
Y un corazón en paro ¿bastaría?
Porque estoy loco y es más
Estoy loco y me aguanto.

Con un canalla como yo
Y un pasaporte al Congo
¿Quién no iría?
Si buscas chico formal
Búscate uno más alto.

Y otro pecado capital ¿qué será?

Es mi vida
No quiero cambiar
Los chicos no lloran
Solo pueden soñar
Es mi vida, ¡ha!
No quiero cambiar
Los chicos no lloran
Tienen que pelear
Es mi vida ¡ah!
Es mi vida ¡ah!

Con un canalla como yo
Un oficial con mucha artillería
¡Hey!, ¿qué sería de ti?
¡Hey! ¿Qué dices encanto?

Y otro pecado capital ¿qué será?
Y bailaremos, ¿eh?
Y bailaremos, ¿eh?

Es mi vida
No quiero cambiar
Los chicos no lloran
Solo pueden soñar
Es mi vida, ¡ha!
No quiero cambiar
Los chicos no lloran
Tienen que pelear
Es mi vida ¡ah!
Es mi vida ¡ah!
Es mi vida ¡ah!
Es mi vida ¡ah!

Y bailaremos, ¿eh?
Y bailaremos, ¿eh?
Y bailaremos, ¿eh?
Y bailaremos, bailaremos,
bailaremos ¿eh?

Es mi vida
No quiero cambiar
(Veni, vidi, vinci)
Los chicos no lloran
Solo pueden soñar
Es mi vida, ¡ha!
No quiero cambiar
(Veni, vidi, vinci)
Los chicos no lloran
Tienen que pelear
Es mi vida
No quiero cambiar
(Veni, vidi, vinci)
Los chicos no lloran
Solo pueden soñar
Es mi vida, ¡ha!
No quiero cambiar
(Veni, vidi, vinci)

Los chicos no lloran
Tienen que pelear

Es mi vida ¡ah!
Es mi vida ¡ah!
Es mi vida, mi vida, mi vida,
mi vida, mi vida, bailaremos,
bailaremos ¿eh?
Es mi vida ¡ah!

Los chicos no lloran...

Los chicos no lloran

Los chicos no lloran, las mujeres en casa, no hay mal que por bien no venga, a Dios rogando y con el mazo dando, en la mesa no se habla, no juegues con fuego, niño, que te vas a mear en la cama, te comes lo que te pongan, los domingos a misa, sé un hombre del mañana, es de bien nacido el ser agradecido, un caldo de pollo levanta a los muertos, no te fíes ni de tu padre... eran algunas de las frases más comunes en lo cotidiano de los españoles de la era Generalísimo. Entre el maldito refranero, que nunca fallaba, ni en lo descriptivo ni en lo predictivo, y la retahíla de frases hechas que tanto dolor de cabeza nos causaba a los niños, crecimos sin la más mínima capacidad de improvisación, y sin poder dejar nada al azar. Todo estaba establecido o todo podía preverse. Toque a toque nos fuimos haciendo alérgicos a cada una de aquellas expresiones y desarrollamos el músculo de la tendencia a hacerlas fallar. Más me repetían que los chicos no lloran, más fui encontrando mil razones para estallar en llanto, de pura rebeldía. Acabé llorando mucho y por cualquier cosa. La mayoría de las veces, innecesariamente, ¡pero por tiña que lo hacía!

Hoy, todas y cada una de esas frases son escuchadas con nostalgia, con añoranza. Es oírlas, y volver a la infancia, a los mejores años de nuestras vidas. Son sentencias poderosas que, en alguno de los casos, no en todos, encierran verdades como puños. Nacieron de la empírica, de la sabiduría popular, del resultado de la suma de tradiciones. Y aunque escuezan, sanan y reconfortan por su sencillez.

Esta canción va dedicada a una de ellas, la de «los chicos no lloran», con la que más se me torturó. Nací hijo de un macho alfa, torero y *playboy,* de extrema rudeza y cargado de testosterona. Yo habitaba las antípodas. Crecí y me mantuve en ellas. Nada que ver con las expectativas que mi padre albergaba a mi respecto. Fui un niño sensible y quebradizo que vivía en una realidad muy poco real y paralela a la del resto del mundo, por no decir completamente fuera. Todo me agredía y en nada encajaba.

Las lágrimas eran, pues, recurrentes y lamidas a escondidas, en solitario. Pocas veces las derramé en público. Tenía fama de témpano, pero apenas cerraba la puerta de mi habitación, me derretía en llantos.

"Los chicos no lloran" es un divertimento, un quitarle fuego al fierro, a toro pasado, y nunca mejor y más apropiadamente dicho. Habla del canalla en el que me convertí, ese hombretón descarado y conquistador, atractivo y provocador. Un hombre que ha llegado a una edad en la que es tan niño como adulto, que ve con mucha cercanía una posible paternidad, y que siente la necesidad de plantearse una descendencia, no como un dejar huella o un darse continuidad, más

bien como un tiempo para ejercer, junto a un hijo, lo que a él le faltó. Complicidad, juegos, aventuras, afecto...

"Los chicos no lloran" está lleno de ligereza, de chulería y simpatía, desborda por todas partes. Es una lección del lobo a su cachorro mientras comparten vida y cacerías. Tiene frases de hombruna fanfarronería y nada ha de tomarse en serio, más aún si la vida de cada uno es solo y exclusivamente de cada quien. Y así ha de ser vivida. Nadie puede opinar, ni los que tanto opinan, nadie puede juzgar, ni los que se creen con derecho, porque nadie lo tiene sobre tu vida.

"Los chicos no lloran" es un pequeño manual a la iniciación en el terreno de la conquista. Don Juan charlatán, plagado de lugares comunes, de *déjà vu*. Y sin embargo, simpático a morir, el *boss* de su jefatura.

Recomiendo altamente ver el vídeo original correspondiente, dirigido por Joan-Lluís Arruga, inmenso entre los inmensos. El primero de los más de veinte que hicimos juntos a lo largo de mi carrera. Y ahora disfruten del gallo de palenque... que está bien chulo.

bajo el signo de \ Caín
bosè

BAJO EL SIGNO DE CAÍN

1993

Te comería el corazón

Dulce anochecer
Que sin querer
Me pone entre la espada y la pared
Prisionero
Te espero hasta el amanecer

Dulce y cálido
Es el sudor
Que bebo de tu cuello mujer
Y ahora deja
Déjame por fin arder

Si en el filo del momento
Yo perdiese la razón
Odio a fuego lento
Te comería
Te comería el corazón

Dulce y árido
Océano
Gótico el infierno que quemó
Las espinas
La gardenia de este amor

Arañando sentimientos
Bajo un cielo de traición
Odio a fuego lento
Te comería
Te comería el corazón

Si lo intento
Si lo intento sé
Que apostando pierdo lo que gané
Fuerte e inmenso
Cuesta y me cuesta decirte que
Que si me apuesto sé
Sé que te perderé

Si en el filo del momento
Yo perdiese la razón
Odio a fuego lento
Te comería
Te comería el corazón

Apágame
Consúmeme
Y fúmame por última vez
Bien amarga
Dulce boca que besé

Si lo intento
Si lo intento sé
Que apostando pierdo lo que gané
Fuerte e inmenso
Cuesta y me cuesta decirte que
Que si me apuesto sé
Sé que te perderé
Fuerte e inmenso
Cuesta y me cuesta decirte que
Que si me apuesto sé
Sé que te perderé

Si tú no estás...

Te comería el corazón

La antropofagia es una práctica común en muchas etnias de varios continentes, incluso hoy en la actualidad. Es, además, un ejercicio ancestral, ligado a rituales que involucran a dioses y deidades. Se hacían sacrificios humanos, acompañados de ingesta de órganos y partes del cuerpo. Se bebía la sangre. Esto que parece tan brutal e impensable, nunca dejó de practicarse. Hoy en día se sigue haciendo. Pero esto no es lo que nos compete, aunque sí nos pone en contexto.

La derivación más común del canibalismo, la más tímida, la seguimos encontrando en el acto sexual. Desnudos y entrelazados en la cama, los amantes se comen a besos, se lamen los flujos y hacen por tragarse órganos y partes del cuerpo, de la carne. Dependiendo de la intensidad, llegan más o menos lejos. Pero es indudable que ahí se da una pequeña copia de rituales mayores.

En este texto, esto es lo que nos vamos a encontrar. Asistimos a un acto sexual de altísima pasión, rodado a semicámara lenta. El aire de la habitación está enrarecido, probablemente por el encierre, el vaho de sudor y por el humo de los cigarrillos.

El protagonista, bien podría ser Otello, un hombre celoso y tremendamente posesivo. Yace tumbado en el lecho, y observa a su amada dormir a su lado. Fuma un cigarrillo mientras contempla la belleza de su cuerpo desnudo. No consigue conciliar el sueño. Dulce es la noche. Haber hecho el amor con ella le hace de inmediato prisionero y le pone en una disyuntiva, contra la espada y la pared.

Encerrarse con ella para siempre y amarla sin descanso, o volver a la vida. Espera a que amanezca, a que ella despierte.

"Dulce anochecer
Que sin querer
Me pone entre la espada y la pared
Prisionero
Te espero hasta el amanecer...".

Ella despierta y él vuelve a arder en deseos. Le hace el amor, y arrancan sus intenciones, las que confesará un poco más adelante. Le bebe el sudor, ahí justo por encima de donde late la yugular, el sudor de sus arterias, el de sus venas, caliente y dulce. Su bestialidad aflora. Se contiene por un tiempo más.

"Dulce y cálido
Es el sudor
Que bebo de tu cuello mujer
Y ahora deja
Déjame por fin arder...".

Él se tiene miedo, desconfía de sus arrebatos, de sus instintos que sabe pueden ser feroces, bajos, y conducirle a la perdición. Sabe que le bastaría un solo instante de perder la cabeza, para cometer lo que tanto ansía. Sería cuestión de dejarse llevar por los celos, para comerle el corazón, arrancárselo primero. No ha de ser de nadie, más que suya.

"Si en el filo del momento
Yo perdiese la razón
Odio a fuego lento
Te comería
Te comería el corazón...".

La pasión que este hombre siente, le consume. Su amor es un árido mar en calma, como así también la catedral del sacrificio, un altar gótico para su personal infierno, en el que quisiera quemar todos sus sufrimientos, los que imagina puedan ir aflorando, junto con la belleza y carnal suavidad del cuerpo de su amante. Asistimos a la posible escenificación de un ritual de alto nivel.

"Dulce y árido
Océano
Gótico el infierno que quemó
Las espinas
La gardenia de este amor...".

Uno de los CUATRO ACUERDOS de la civilización tolteca manda o aconseja «NO ESPECULAR» para mejor salud mental. Este Otello, claramente lo desoye. Tal es el grado de posesión que transmite, que empieza a sentir posibles futuros celos más allá de las paredes, sin ni siquiera reparar en si van a darse o no. El amor se torna salvaje y la violencia carnal aflora, las garras se afilan, las retráctiles, las del depredador. El fuego del rencor hacia otros posibles machos alfas imaginarios está por reventar. El corazón de la mujer corre peligro. Arañazos y mordiscos.

"Arañando sentimientos
Bajo un cielo de traición
Odio a fuego lento
Te comería
Te comería el corazón...".

Él ahora se cuestiona. Sabe que, de comerle el corazón a su amada, la pierde en vida. Sabe que, si apuesta por devorarla, nunca será de otros, pero tampoco suya. Es un dilema entre posesión y pasión, entre vida y muerte. Sabe que, tomar una decisión no es fácil. Es una lucha entre sus instintos básicos y la clemencia. Entre apostarlo todo a algo fuerte e inmenso, lo que sabe que ya tiene a cambio de un momento de extremo placer y delirio caníbal, el de arrancarle y comerle el corazón. La eternidad por un instante.

"Si lo intento
Si lo intento sé
Que apostando pierdo lo que gané
Fuerte e inmenso
Cuesta y me cuesta decirte que
Que si me apuesto sé
Sé que te perderé...".

El intervalo musical, tórrido y sureño, describe el proceso de una profunda entrega. Los cuerpos se entrelazan, el hambre que no cesa, la rendición de la pasión. Con el retorno del canto se retoman las tentaciones y replican anteriores intenciones, quizá un tanto más cuerdas.

"Si en el filo del momento
Yo perdiese la razón
Odio a fuego lento
Te comería
Te comería el corazón...".

No hay como hacer el amor para generar las ganas de hacer más. Ahora es él quien propone ser sacrificado. Le pide a su amada ser el último de sus cigarrillos, ser encendido, inhalado y consumido, consumado. Tal vez si él entrase en ella podría vivirla para siempre y no se necesitaría más. En cada una de las tres estrofas anteriores, el adjetivo «dulce» abre el relato. Aquí, en el cuarto, lo cierra. Está directamente ligado a lo femenino, a su sabor. Él le pide ser acabado, para no tener que seguir soportando sus contradicciones, su amor y desdén, su bien amarga y dulce boca que besó.

"Apágame
Consúmeme
Y fúmame por última vez
Bien amarga
Dulce boca que besé...".

Por última vez arremete con sus intenciones, con su apuesta, a la que su orgullo de hombre, el del macho alfa, no quiere renunciar. Y se lo repite a sí mismo para que la firmeza de sus propósitos de paso le quede bien clara al mundo y a la competencia.

"Si lo intento
Si lo intento sé
Que apostando pierdo lo que gané
Fuerte e inmenso
Cuesta y me cuesta decirte que
Que si me apuesto sé
Sé que te perderé
Fuerte e inmenso
Cuesta y me cuesta decirte que
Que si me apuesto sé
Sé que te perderé...".

Pero claudica, reconoce, se rinde.

"Si tú no estás...".

Nada existe...

Si tú no vuelves

Si tú no vuelves
Se secarán todos los mares
Y esperaré sin ti
Tapiado al fondo de algún recuerdo

Si tú no vuelves
Mi voluntad se hará pequeña
Me quedaré aquí
Junto a mi perro espiando horizontes

Si tú no vuelves
No quedarán más que desiertos
Y escucharé por si
Algún latido le queda a esta tierra

Que era tan serena cuando me querías
Había un perfume fresco
que yo respiraba
Era tan bonita, era así de grande
Y no tenía fin...

Y cada noche vendrá una estrella
a hacerme compañía
Que te cuente cómo estoy y sepas
lo que hay
Dime amor, amor, amor, estoy aquí
¿no ves?
Si no vuelves no habrá vida,
no sé lo que haré...

Si tú no vuelves
Ni habrá esperanza ni habrá nada
Caminaré sin ti
Con mi tristeza bebiendo lluvia

Que era tan serena cuando me
querías
Había un perfume fresco
que yo respiraba
Era tan bonita, era así de grande
Y no tenía fin...

Y cada noche vendrá una estrella
a hacerme compañía
Que te cuente cómo estoy y sepas
lo que hay
Dime amor, amor, amor, estoy aquí
¿no ves?
Si no vuelves no habrá vida,
no sé lo que haré...

Si tú no vuelves

Esta canción está dedicada al padre de un amigo, fallecido durante la escritura y composición del repertorio del álbum *"BAJO EL SIGNO DE CAÍN"*, en el que va incluida. El dolor que se apoderó de él me resultó insoportablemente conmovedor. Fui más allá y fantaseé lo que supondría perder al mío. El texto imagina las profundas y desgarradoras emociones sentidas, la sensación de vacío. Poco tiempo después, el mío se iría. Lo que simplemente era un temor, se convirtió en una irreparable pena. A partir de ahí, la canción tomó más fuerza, tan devastadora como la de un mal presagio.

No solo es una canción de amor, es también de chantaje. Las amenazas que se lanzan a la persona querida, al padre, no pueden ser desoídas. Son apocalípticas en lo íntimo, anuncian el abandono del ser, el tambaleo de los cimientos emocionales. Le escribí esta carta...

«Querido padre:

El mundo se me cae encima, y yo paso aleatoriamente por arrebatos cercanos a la negación de mí mismo. Si pudiese, me condenaría al olvido. La naturaleza, desde que no estás, se comporta de forma extraña. Suceden eventos magnos, insólitos. Las ganas de hacer cosas, y toda mi energía merman por segundos. Padre, solo me quedan fuerzas para esperar tu regreso, junto a mi perro, único ser al que amo, no teniendo ya a otro.

Todo quedará reducido a un páramo, yermo y asolado. Entonces, solo entonces, tiraré de mis últimas energías para escuchar en mi interior, atento y callado, por ver si aún queda algún rastro de latido, una imperceptible señal de vida. Aquella que cuando era niño olía a heno, a verdes praderas. La que tan hondo respiraba mientras me abrazabas con tanto cariño, padre. Esa era nuestra tierra bonita que se extendía a pérdida de vista, infinita como el tiempo que creímos nos quedaba juntos por delante.

Padre querido, ahora que ya no estás, quisiera que cada noche buscases la estrella más brillante en el firmamento para comunicarnos a través de ella lo que está pasando, cómo sigue la vida después de ti, sin ti. Esa estrella será mi compañía, serás tú. Verás que las señales que te mande se reflejarán en ella. Háblame, padre, que mi corazón te echa tanto de menos que si no vuelves no sé qué me va a pasar, qué va a ser de mí. Háblame para sentirme menos solo.

Sin ti, y hasta que regreses, no podré respirar, perderé la ilusión. Lloverá mucho, te lo advierto, lloverá tristeza. Caminaré sin rumbo bajo la lluvia bebiendo sus gotas, perdido. Padre, recuerda nuestra promesa, la de nunca dejarnos y que la vida no ha querido cumplirme. Padre, aunque estés lejos, sé que puedes verme, sé que me escuchas, eres mi estrella a la que mandaré mi amor, cada noche, hasta que vuelvas. Sin ti la vida es otra cosa. Te quiero mucho. No me olvides. Yo no lo hago. Tu hijo. Miguel.»

Nada particular

Vuelo herido y no sé dónde ir
Con la rabia cansada de andar
Me han pedido que olvide todo, en fin...
Nada particular

Una vida y volver a empezar
No te pido una patria fugaz
Dignamente un abrazo, en fin...
Nada particular

Canta y vuela libre como canta la paloma
Canta y vuela libre como canta la paloma

Dame una isla, en el medio del mar
Llámala libertad
Canta fuerte hermano
Dime que el viento no, no la hundirá
Llámala libertad

Que mi historia no traiga dolor
Que mis manos trabajen la paz
Que si muero me mates de amor
Nada particular

Canta y vuela libre como canta la paloma
Nada particular...
Canta y vuela libre como canta la paloma
Nada particular...
Canta y vuela libre como canta la paloma
Nada particular...
Canta y vuela libre como canta la paloma

Dame una isla, en el medio del mar
Llámala libertad
Canta fuerte hermano
Dime que el viento no, no la hundirá
Llámala libertad
Canta fuerte hermano

Dame una isla, en el medio del mar
Llámala libertad
Canta fuerte hermano
Dime que el viento no, no la hundirá
Llámala libertad
Canta fuerte hermano

Dame una isla, en el medio del mar
Llámala libertad
Canta fuerte hermano
Dime que el viento no, no la hundirá
Llámala libertad

Nada particular

"Nada particular" es un himno de paz. Nace en el contexto de la guerra de Yugoslavia, la antigua Yugoslavia, que estalló a principios de los años noventa. Fue uno de los conflictos más sangrientos del siglo XX. Los odios étnicos y las intolerancias religiosas acumuladas implosionaron y acabaron desmembrando al Estado yugoslavo. Esta canción está inspirada en un documental francés que sigue a un puñado de jóvenes, mezcla de etnias y religiones, huyendo en autobús de la demencia de aquella guerra. La historia es contada desde sus puntos de vista y narra el exilio de todos ellos, sus intentos de nuevas vidas en las respectivas comunidades de acogida, la dificultad de integración en cada uno de los lugares asignados, la absoluta falta de solidaridad internacional y, finalmente, la repatriación de la mayoría, con sus fatales consecuencias. En la despedida del equipo de filmación se asiste a una serie de abrazos y llantos. Parejas que se reencuentran tras un relativamente corto asilo, que ninguna nación se dignó a renovar. Mucha rabia y frustración por todas partes. Vemos al autobús desaparecer en la lejanía, mientras aparece en sobreimpresión un texto: «Veinte kilómetros más allá una mina en el camino voló en mil pedazos el autobús. No hubo supervivientes. Descansen todos en paz. ¡EUROPA VERGÜENZA!».

La guerra fue larga y terrible. Hermanos contra hermanos, agravadas por las desgraciadas intervenciones de la OTAN, organismo infame. Durante años asistimos impotentes, en primera fila, a una masacre indiscriminada del otro lado del Adriático, frente al escaparate de la misma Italia. Los noticieros se cebaban con entrañas llenas de sangre, niños asesinados y mujeres violadas. Las crónicas de Arturo Pérez-Reverte desde el frente en Croacia nos tenían a todos en vilo. Aquellas imágenes dieron la vuelta al mundo y llegaron hasta la BBC inglesa. Por entonces, residía en el Reino Unido.

Esta canción y su historia nacieron de la necesidad, la de declararme aún más antibelicista si cabía.

Fue, como muchas otras tantas escritas a lo largo de mi carrera, fruto de las musas de los telediarios.

La historia la cuenta un exiliado. Hubiera servido cualquiera otra voz de no importa qué otro de los miles y miles que intentaron escapar de aquel conflicto. Habla de su herida, de su dolor, en un viaje que no sabe muy bien dónde va a acabar. Lleva días huyendo, está cansado tanto como lo está su rabia. Le dicen que tiene que olvidar, como si fuera poco, como si sus ojos no hubiesen visto suficientes cosas imposibles de borrar. En fin, nimiedades, nada particular. Este era un ejercicio que, en las sesiones grupales del exilio, los psicólogos pedían a todos hacer. Según ellos, un ejercicio necesario para facilitar la integración. Obvio que nadie lo cumplía.

Aquella gente no pedía solo asilo, pedía una nueva patria en la que arrancar y poder construir de nuevo una vida, desde cero. No confiaban ya en su país de origen, y tampoco tenía la certeza de cuándo la guerra fuese a terminar. De lo que sí estaban seguros era de que no querían volver a un lugar tan saturado de odio que tardaría décadas en normalizarse. La mayoría de ellos lo había perdido todo, incluso a su entera familia. Quedaban solos en el mundo. Por eso no pretendían una patria de paso, una fugaz, no. Querían un asilo permanente, cálido como un abrazo y una dignidad para estrenar. En fin, nimiedades, nada particular, pequeñas cosas.

Con el solo de guitarra, el viaje continúa. Vemos que es largo, cruza mares, ríos, sobrevuela cordilleras.

Pretendían también no traer tristeza. No buscaban compasión, sí solidaridad. Eran la armada de la paz, la que con sus manos querían construir, y así borrar cualquier rastro de sufrimiento, de dolor. Si estaban dispuestos a morir por algo, era por amor. Con el que matar, por el que morir. En fin, detalles, tonterías, nimiedades, nada particular.

"Canta y vuela libre como canta la paloma... Canta fuerte hermano".

Sus voces unidas le cantan a la libertad e invitan al hermano a que se una a la causa. Las mismas voces que arrancando el estribillo van a demandar *"una isla, en el medio del mar",* es decir, un territorio donde se respire libertad, que jamás sea borrada del mapa por ningún viento de guerra ni por cualquier otro conflicto. Un lugar de paz. Una utopía. La nación con la que todos soñamos.

Y según los estribillos se van sucediendo, las voces se van multiplicando hasta juntar a una armada de millones que marcha hacia esa isla en medio del mar, la isla de la libertad, de la solidaridad, de la paz, de la concordia. Esa por la que no debemos dejar de pelear, con la que soñar, la que merecemos por derecho.

Mayo

Era suave aquel incienso
De olor a eternidad
¡Oh, Mayo, Mayo, Mayo!
Era bueno ¿verdad?

Era grande aquel imperio
De amor y libertad
¡Oh, Mayo, Mayo, Mayo!
Era fuerte ¿verdad?

El tiempo pasa y me enamora
El tiempo pasa, arrasa, quema y deteriora
El viento calla, ¿por qué?
Y en un momento todo olvido me devora...

No soy el héroe que dio sus alas y se puso a amar
Mayo, ¿no lo entiendes?
No te mientas y mírame
No soy la isla que tu fantasía quiso imaginar
Mayo ciego escucha
Mayo roto, ¡convéncete!

Era injusto aquel infierno
Soberbia ¿y ahora qué?
¡Oh, Mayo, Mayo, Mayo!
¡Qué locura que fue!
¡Oh, Mayo, Mayo, Mayo!
La locura se fue...

El tiempo pasa y te enamora
La rabia crece, enciende, quema y luego ignora
El amor cesa, ¿por qué?
La indiferencia hace maletas de memorias...

No soy el héroe que dio sus alas y se puso a amar
Mayo, ¿no lo entiendes?
No te mientas y mírame
No soy la isla que tu fantasía quiso imaginar
Mayo ciego escucha
Mayo roto, ¡convéncete!

Mayo

Este es un texto que habla de amor y revolución. La mujer, Mayo, es para el protagonista de la historia, tan apasionada y revolucionaria como lo fue el mayo del 68 francés. Ella fue su musa, su gran amor, su revolución tanto en lo sentimental como en lo ideológico. Fue su amante, su compañera, su cómplice, su fuerza. Entendemos que para él Mayo lo fue todo. Y digo bien «fue» porque esa gran historia ya acabó. La canción empieza con los recuerdos de aquellos días gloriosos, *"Era suave aquel incienso de olor a eternidad…"*, nos cuenta de la sensación que ambos tenían de la vida que vivían, olía a eternidad, a que nunca iba a tener fin, *"… era bueno, ¿verdad?…"*.

Aquellos tiempos eran inmensos y todo lo abarcaban, así en sus causas como en sus abrazos. Era su dominio, *"Era grande aquel imperio de amor y libertad… era fuerte, ¿verdad?"*.

"El tiempo pasa y me enamora
El tiempo pasa, arrasa, quema y deteriora
El viento calla, ¿por qué?
Y en un momento todo olvido me devora…".

Cosas de la vida… El tiempo, que todo lo sana, todo lo integra, todo lo explica, también es como los hunos, se lleva por delante lo que fue, lo que unió, hasta lo más consolidado, lo que parecía fuera a ser eterno. Y pone a cada cosa en su lugar… De repente el aire deja de correr, como anunciando un seísmo. Y en el segundo mismo en el que uno se distrae, se da cuenta de lo amargo que supone el que, lo tan amado, pase al olvido sin el menor sentir ni permiso.

Mayo, no soy el héroe que creíste ni la isla en la que refugiarte al reparo de todo, lejos del mundo. Abre los ojos y veme como lo que soy, un hombre, nada más. Un hombre que te quiso y que seguirá idolatrándote, pero ya no del mismo modo al que estabas acostumbrada. Las cosas cambian, el tiempo las cambia.

Mayo, pasamos por un período, el del distanciamiento, y luego nuestra ruptura, en el que las reivindicaciones, el echarse la vida en cara, no dejó espacio al diálogo sereno. La pelea prevalecía. La locura bonita que alimentaba nuestro amor dio paso a una demencial, una muy fea. Mi Mayo adorada, mi Mayo querida...

"Era injusto aquel infierno
Soberbia ¿y ahora qué?
¡Oh, Mayo, Mayo, Mayo!
¡Qué locura que fue!
¡Oh, Mayo, Mayo, Mayo!
La locura se fue...".

El tiempo... Aliados a él, nos dejamos llevar para que lo escrito suceda de la forma más natural. Y a veces lo más natural es violento, caótico y degradable. Pero así fue escrito, de ese puño y letra, y hemos de aceptarlo. El tiempo enamora a uno, a ti y a mí, a cualquiera. Hemos de entenderlo. Al final de la rabia, en su horizonte, más allá de sus incendios, del otro lado, están las costas de lo ignorado, mitad perdón, mitad desconocido o nunca sabido. Las del abandono, las de la sanación. A esos parajes hemos de llevar nuestros recuerdos, todos bien doblados, pulcros y conservando su original olor, guardados en una maleta...

"El tiempo pasa y te enamora
La rabia crece, enciende, quema y luego ignora
El amor cesa, ¿por qué?
La indiferencia hace maletas de memorias...".

Si tan solo pudieses entender...

La canción se cierra con un grito, un lamento, como final de la representación de una tragedia griega clásica, al estilo de la gran Irene Papas. Hemos actuado un gran drama de vida...

Para Mayo y su compañero, y como actores protagónicos de esta historia, me inspiré en dos inmensos artistas, ambos iconos y leyendas contemporáneas, además de grandes amigos, aunque la aquí narrada nada tenga que ver con sus vidas: Víctor Manuel y Ana Belén.

Bajo el signo de Caín

En la oscuridad
Puedo oír tu voz
¿Qué herencia he de pagar?
¿Qué antiguo es el castigo?
Tú que eres Dios atrévete
Maldíceme con tu perdón

Líbrame Señor
Del miedo y del dolor
Y devuélveme la paz
Fin de cuenta atrás
Tu silencio es mi temor

Dios de Dios
Vivo sin saber de ti
Y bajo el signo de Caín

Si te profané
Confúndeme la fe
Si no te importa lo que soy
Libre déjame
Que quiero hablar con otro Dios

Dios de Dios
Vivo sin saber de ti
Y bajo el signo de Caín

Tu silencio es mi temor
Vivo sin saber de ti
Y bajo el signo de Caín

Vivo sin saber
Y bajo el signo de Caín

Tu silencio es mi temor...
Tu silencio...
Vivo sin saber...
Y bajo el signo de Caín
Vivo sin saber...

Bajo el signo de Caín

La búsqueda de un Dios es una empresa que ha tenido ocupada a la humanidad desde el principio de los tiempos. No me refiero a los que la historia oficial propone, sino a los reales, los verdaderos. Estamos hablando de más de doscientos mil años.

La figura del Gran Arquitecto, Creador de Todas las Cosas, Fuente y Origen del Todo, del que todos hacemos parte, desde el más pequeño quark hasta el Universo Infinito, su búsqueda y la conexión con él, siguen siendo una prioridad.

Esta canción, que da nombre al álbum homónimo, habla de eso. En su portada aparece el hombre marcado en la frente por la uña de Dios, herrado como hijo suyo, heredero de un destino del que no puede huir.

Creo en un Dios del que todo y todos hacemos parte, muy distinto del que la religión nos propone. Habita en mí al igual que habita en todas las cosas, y cuando siento la necesidad, me comunico con Él.

Esto es lo que cuento en este texto. Hablo sobre todo de mis dudas y de mis temores en los momentos de necesidad en los que no consigo entablar diálogo con Él. Esos momentos de vértigo y vacío que resultan eternos y fríos, como jirones de oscuridad austera.

Comienzo pidiéndole a Dios que sea valiente, que perdone mis errores, aunque haya de cargar con su maldición. Aquí, como el resto del texto, se da una provocación directa que busca hacer salir a Dios de su madriguera. El Dios en el que creo no castiga, no requiere que le temamos. Pero, acostumbrado a hablarle, cuando desaparece, surgen dudas y temores, aunque sé y me consta que tiene mucha tarea.

Hay recogimiento y hay una cierta mística, de la misma naturaleza que la que los grandes santos relataron y sobre la que tanta literatura desbordaron, pero dimensionada al común mortal.

Este diálogo resuena en el interior y se hace eco en las altas dimensiones, las que remontan hasta la Fuente, que son en las que Dios es capaz de escucharnos.

Estamos hablando de espiritualidad en pura esencia, la que compromete y abre nuestros siete chakras físicos y sus cinco superiores.

En el paisaje musical de fondo oímos sonidos que son respuestas, emisiones y señales que se captan y que han de interpretarse no con palabras, sino con otros tipos de códigos. Este relato es único en toda mi discografía.

Sol forastero

Tú que nunca quisiste oír hablar de América
Ahora vas y dices que quieres ir p'allá
Si ni siquiera sabes dónde está California
Me cuentas que ahora mueres por ponerte morena allá
Bajo un sol forastero
Bajo un sol forastero

Y ahora de repente te pones camiseta New York
Y no tienes ni idea de qué tiempo hará
Bajo un sol forastero
Un forastero seré
Bajo un cielo negro, negro
Extranjero hablaré...

Pero qué mito ¡hey!, qué barras ni qué estrellas
De qué me hablas chica, mira que te ciegas
Pero qué libertad, qué clase de cultura
Pero qué gringo mandingo, ni qué polla dura
Pero qué presidente ni qué rascacielos
Pero qué sociedad que vive sin camelos
Pero qué coño dices, mira cómo comes
Que sí, que ve, ve, ve, de dónde dan las tomes

Justo ayer me decías mañana iremos al mar
Explica entonces qué esto de... ¿¡¿un vuelo
intercontinental?!?
Cariño hablemos despacio... la vida allá es triste:
Se duerme poco, se gasta mucho, y se come ese pan
de alpiste
Bajo un sol forastero
Un forastero seré
Bajo un cielo negro, negro
Extranjero hablaré

Pero qué mito ¡hey!, qué barras ni qué estrellas
De qué me hablas chica, mira que te ciegas
Pero qué libertad, qué clase de cultura
Pero qué gringo mandingo, ni qué polla dura
Pero qué presidente ni qué rascacielos
Pero qué sociedad que vive sin camelos
Pero qué coño dices, mira cómo comes
Que sí, que ve, ve, ve, de dónde dan las tomes

Sol forastero

Estados Unidos es el país de los sueños, de las oportunidades y del dinero. Menos la última, las dos anteriores son falsas, pero nadie hace nada por verlo. Se vive tan esclavo del cliché que costaría más de un disgusto derrocarlo. Esta canción apunta a eso. Está escrita en clave irónica, aunque tenga fundamentos bien documentados. Se basa en anécdotas personales y en experiencias profesionales acumuladas durante años.

Su protagonista, un hombre cuya pareja está obsesionada con viajar a Estados Unidos para adquirir estatus, hará todo lo que esté en sus manos para desmitificar un país que ni es todo lo que cuentan ni tan siquiera se le acerca. Un país maravilloso para quien se deje atrapar en su constante espectáculo, el más impresionante del mundo, el más sofisticado engaño jamás perpetrado. Todo lo que fascina está encubriendo un segundo y tercer propósito tras bambalinas, en general, de índole manipuladora. Pero el reclamo, el cebo, es indiscutiblemente genial, incluso más. Lo inocuo esconde a lo perverso. La belleza a la mentira.

Las Vegas, Hollywood, Walt Disney, la Super Bowl, la NASA..., son parte crucial del trampantojo. Son el faro de referencia al que acuden las polillas en masa, las del mundo entero.

Ir de turista es una cosa, vivir allí es otro cuento que poco tiene que ver con las postales. Así que, como dice nuestro hombre, para qué ir hasta allá a broncearse cuando aquí hay playas de sobra, y en las que ¡habla uno y todos le entienden! Le cuesta salir de su asombro. Mira, chica, ni tienen una bandera mejor, ni su presidente es del mundo, ni sus rascacielos rascan el cielo ni la libertad que proclaman es de mejor calidad que la nuestra, y, además, su estatua emblema se la regalaron los franceses. Su cultura se reduce a las hamburguesas, los sombreros tejanos, la salsa barbacoa, los rodeos, y... poco más... muy poco más. Es una sociedad muy poco consistente en la que todos se creen las mentiras que son y se dicen, chica. Te ciegas y si quieres seguir estándolo, conmigo no cuentes. Mírate... comes como ellos, asalvajadamente... sin modales. Y que sepas que tampoco es cierto que los negros la tengan tan grande. Un mito... la tienen un poco más larga... pero fina... muy fina... un mito, ya te digo.

Y lo que me contabas ayer de ir al mar... ¿en qué quedó? Porque estos billetes que has comprado... ¡son para un viaje transoceánico! No me estarás diciendo que nos vamos pa California, ¡que ni sabes dónde está! ¿O te crees que está en New York, como pone en tu camiseta? Mira, mi amor, yo te quiero mucho y ya sabes que te lo consiento todo... pero irnos a Estados Unidos a gastarnos una pasta, comer pan con lechuga espolvoreado de sésamo y pasarnos en vela las vacaciones, con el sueño *atravesao* del *jetlagazo* que nos va a dar... no es plan y yo por ahí no paso... así que te vas sola y que de donde te las den... de ahí las tomes... ¡buena suerte!

Y vuelve a arremeter contra todo y con los mismos argumentos, a ver si, con una segunda pasada, la mujer cae en cuenta de la verdad.

Es un divertimento nacido en origen, durante una gira en Estados Unidos en autobús, en la cual nos pasó DE TODO. Y cuando digo DE TODO ES... DE TODO. Se tuvo tiempo de vivir la América profunda y ver con ojos propios las realidades que el país se avergüenza en exportar, que por otra parte son las más auténticas y genuinas. Un país lleno de contradicciones a gran escala, de miserias y de gente que cree, porque así se lo vienen contando desde el siglo pasado, que viven en la nación que abarca el mundo entero. Muchos no saben de la existencia de otras formas de vida, de otras culturas. Un país inmenso, territorialmente hablando, con mentalidad de cantón. Un país que se autofagocita y que, al explotar, se convierte en el mayor espectáculo de mundo, visto en Odorama, como proponía el genial John Waters.

miguel
BOSE'
labirinto

LABERINTO

1995

Tesoro

Puede ser
Puede ser tu nombre
El sonido que me hace recordar
Puede ser
Puede ser tu nombre
El abismo que me hace desvariar

Y pudo ser
Pudo ser tu nombre
Esa herida que no quiso curar
Piérdete en mí y no sentirás
Piérdete en mí...

Tesoro
Deseo infinito el que hay
Vuelvo a la orilla del paso que no quisimos dar
Aunque cambie de matiz
Aunque aguante un tanto más
Aunque tenga que inventar
No quieres entender que me hace daño esperar

Amaré sólo y en tu nombre
Todo aquello que se dejó de amar
Y pasaré noches con tu nombre
Noches sin fin, noches que atar
Piérdete en mí y ponte a volar
Piérdete en mí...

Tesoro
El más infinito que hay
Vuelvo al final del camino que no debí tomar
Aunque jures prometer
Aunque sirva tropezar
Aunque tenga que callar
¿No puedes entender que no he sabido esperar?

Tatuaré
Me tatuaré tu nombre
En memoria de...

Tesoro
Deseo infinito el que hay
Vuelvo a la orilla del paso que no quisimos dar
Aunque cambie de matiz
Aunque aguante un tanto más
Aunque tenga que inventar
No quieres entender que me hace daño esperar

Tesoro

Al igual que tantos otros, este es un texto de amor canalla. No hay que ir a buscar más allá. Del puro y duro, pero cantado y contado desde un personaje. En este caso, y tal y como aparece en el vídeo correspondiente, estaríamos hablando de una especie de James Bond. Un hombre que conquista desplegando un arsenal de encantos irresistibles. Entre otros, su capacidad de inventar nombres para cada mujer. En el caso de esta canción, su chica se llama *"Tesoro"*.

Pero en verdad, el personaje del James Bond que encarno remonta su inspiración a otro semejante, perteneciente a unas novelas policiacas eróticas de la literatura francesa que se alquilaban clandestinamente en el Liceo Francés de Madrid, colegio en el que estudié. A los de nuestra edad se les estaba prohibida la lectura. No me acuerdo cómo conseguí tener acceso a varias de ellas, pero el caso es que lo tuve. El protagonista de dichos relatos era Jean Bruce, agente especial OSS 117. Un espía amante. Lo recuerdo como si fuera ayer.

Sus palabras, dichas susurrantes al oído, al cercano calor de su respiración, van cargadas de erotismo: *"... puede ser tu nombre, el sonido que me hace recordar...",* en tu nombre están guardados mis recuerdos, pronunciarlo destapa mi memoria, probablemente una ardiente. *"... el abismo que me hace desvariar...",* pronunciarte es sinónimo de vértigo y de locura, y si cierro los ojos, me pierdo. Estas son, sin lugar a duda, las palabras, el discurso que bien podría haber hecho nuestro Bond conociendo el nivel de sus artes fascinadoras, mitad mentira, mitad piropo. Tu nombre es la memoria de mi todo. *"... pudo ser tu nombre, esa herida que no quiso curar...",* tu nombre es algo que duele, algo que no consigue cerrarse, no consigue pasar al olvido, nena. ¡Zas!, en pleno centro de la diana, ahí donde más duele y gusto da. Este hombre definitivamente sabe cómo hacer malabares. *"... piérdete en mí y no sentirás..."* son las palabras mágicas que le abren las puertas de la entrega húmeda. Se lo repite, *"... piérdete en mí...",* para ir disipando dudas mientras acerca sus labios a la boca de ella, entregada, rendida.

"Tesoro, deseo infinito el que hay, vuelvo a la orilla del paso que no quisimos dar...", ese que en el pasado no nos atrevimos a dar, probablemente el de comprometernos, el de tomarnos lo nuestro más en serio, Tesoro, mi adorado Tesoro. Da la sensación de que en los sucesivos encuentros, en los anteriores, nuestro hombre fue yendo de poco a poco a más. Ha sabido dosificar la intensidad de su apuesta. Es un canalla, lo sabe, y ella también. Pero ¡qué canalla! Seguramente el siguiente paso sea el de la pedida de mano. Ella lo intuye, se ofusca, y percibimos que esté dispuesta a acceder a todo lo que él vaya a pedirle. *"... no quieres entender que me hace daño esperar...",* es como llamar a la urgencia de la calentura por otro nombre.

"Amaré solo y en tu nombre todo aquello que se dejó de amar...", con esta frase nuestro agente secreto da la puntilla. Equivalente a decirle a su Tesoro que en su nombre creará una fundación para que todo aquello que sea huérfano de amor, sea amado. Amado con un capital de activo amor de bitcoins TESORO, una promesa de ocurrente y brillante creatividad. Lo que ella no detecta en esa promesa es que él se está dando licencia abierta para amar a todas las mujeres que le plazca, pero que, siempre y cuando amadas, en el nombre de su Tesoro, el acto será lícito y no habrá posible futura causa. ¿Que no se entendió? Lo dijo y fue explícito. Se siente... Y ahonda sobre el tema, le da literatura para que nadie pueda echárselo en cara, *"... y pasaré noches con tu nombre, noches*

sin fin, noches que atar...", que es como anunciar que se dará a mil otras mujeres noches apasionadas que atar a la cama, pero siempre en su nombre, el de su Tesoro. Aunque *"Tesoro"* bien pudiera ser el nombre de todas y de cada una de ellas. Definitivamente es el tipo de chico capaz de volver loca a cualquiera. Lo tiene todo. Es atractivo, chulesco, galante, aseado, depredador, tierno, mentiroso, adorable, con labia, con labio, caliente, *sexy,* desordenado, incansable, tormentoso, infantil, inolvidable... Un perfecto filibustero, un canalla, un buen chico malo. Mi hombre, que dirían ellas.

"Tesoro, el más infinito que hay...", mi amor eterno, mi tiempo, tú, mi Tesoro. No me extraña que ella haya perdido la cabeza. Tantos adjetivos, tantos nombres...

"Tatuaré
Me tatuaré tu nombre
En memoria de...".

Por si fuera poco, este hombre demuestra tener balas en la recámara. La idea de tatuarse el nombre de ella, *"Tesoro",* es el golpe de gracia que asesta el más encantador, al más puro estilo de los canallas. Acaba de rematar la operación. Un nombre y el mismo tatuaje para mil mujeres distintas. Mata mil pájaros de un tiro. Un genio. Y después de ella, de su *"Tesoro",* pasará a otra misión, a otra mujer, diferentes, pero respondiendo al mismo nombre tatuado.

Este tipo de información es el que un actor debe recabar para construir un personaje. La misma idéntica que cuando interpretas los personajes protagónicos de cada canción. Entras y sales, vistes y te despojas de decenas de roles. Es un juego que dura lo que dure un concierto. La magia del teatro...

No encuentro un momento pa olvidar

Boca a boca y olvidando respirar
Nuestras lenguas juntas se ahogaban
Yo en tu cama tenía ganas de morir
Y moría...

Noche a noche en todo aquello que callar
Nos unía el tempo de un pacto
Yo a tus ojos tenía ganas de volver
Y a ellos regresaba...

Más allá de ti, sí mucho más allá
Queda aún un mucho por vivir que es todo y más
Fue tanto amor
Fue tanto amor
Fue tanto, tanto, tanto amor
Que no encuentro el momento pa olvidar
No tengo ganas de olvidar...

Cuerpo a cuerpo no había un minuto que perder
Ni en la tregua intensa de un beso
No bastaba con la vida que te di
Y una a una... todas...

Más allá de ti aún queda por saber
Hasta donde no llegué y si hay algo más
Fue tanto amor
Fue tanto amor
Fue tanto, tanto, tanto amor
Que no encuentro un momento pa olvidar
No tengo ganas de olvidar
No doy con el tiempo pa olvidar
No tengo tiempo pa olvidar
Me pierdo en el tiempo pa olvidar
Y es que no hay ganas de olvidar...

No encuentro un momento pa olvidar

Un poema de mucho amor, de desamor, de añoranza. Y también de memorias carnales, de entrega y de rupturas dolorosas. Un poema de amor sudado.

"No encuentro un momento pa olvidar" nace de la despedida forzosa de una historia de amor que empezó bastante antes que otra. Solapé dos relaciones. No fue una situación fácil porque por primera vez en mi vida sentí que no podía tener plenamente a mi corazón comprometido en dos historias fuertes. No tenerlo entero, en y para cada una de las dos. Interrumpí la que empezó primero, la que tenía más derechos, por no decir que todos. Hoy en día sé que fue una mala decisión. Me costó un río de dolor.

"No encuentro un momento pa olvidar" es un poema canción que habla del desmayo y sopor de aquella historia renunciada, de su cama, sobre todo, una de las más inolvidables que jamás tuve. Pocos fueron los días que pasamos fuera de ella o pocos los que recuerdo. No había tregua, no hubo descanso. Las pausas eran activas y se llenaban de besos. Nos respirábamos el aire, el uno al otro. Los orgasmos eran dulces muertes que se sucedían.

"Boca a boca y olvidando respirar
Nuestras lenguas juntas se ahogaban
Yo en tu cama tenía ganas de morir
Y moría...".

Pasamos noches inagotables mirándonos. Sin necesidad de hablar. Como si nuestras mentes estuviesen conectadas, como si lo que hubiésemos tenido que contarnos, antes de ser dicho, hubiese de ser silenciado por un pacto, uno tácito, sagrado, que no necesitara saber más o conocer más para el propósito de amarse. Después, cuando me ausentaba y los tiempos creaban una sensación de distancia inaguantable, volvíamos corriendo a los abrazos aparcados, pospuestos.

"Noche a noche en todo aquello que callar
Nos unía el tempo de un pacto
Yo a tus ojos tenía ganas de volver
Y a ellos regresaba...".

Cuando giré y le di la espalda sentí despedirme del amor de mi vida. Me pregunté qué habría más allá de él. Si habría vida más allá de la vida que tuvimos juntos. Sentí desgarro y sentí rabia. Pasé mucho tiempo triste a la vez que enfurecido. La cantidad de amor involucrado fue de tales dimensiones, ocupaba tanto espacio y dejó tanto vacío que durante mucho tiempo, años tal vez, nunca encontré un momento para empezar a olvidarlo. Lo fui posponiendo y dejando. Tampoco encontré los motivos suficientes como para hacerlo.

"Más allá de ti, sí mucho más allá
Queda aún un mucho por vivir que es todo y más
Fue tanto amor
Fue tanto amor
Fue tanto, tanto, tanto amor
Que no encuentro el momento pa olvidar
No tengo ganas de olvidar...".

Hacíamos el amor como si no hubiera un mañana, le dedicamos todo nuestro tiempo y sabiduría. Hicimos de la pasión un arte, del sexo la fuente del agua que nunca sacia. Le entregué mi vida. No suficiente me pareció, y le entregué la promesa de las venideras. Le entregué todas mis vidas enteras, que fue como sellar el pacto de querer pasar la eternidad juntos.

"Cuerpo a cuerpo no había un minuto que perder
Ni en la tregua intensa de un beso
No bastaba con la vida que te di
Y una a una… todas…".

Más allá de aquella historia no tuve claro de cuánto más había, de qué me quedaba por vivir. Mi día a día continuaba, el trabajo era interminable, todo crecía como la espuma, todo florecía y prometía ser inagotable. Cuando no pensaba con el corazón me sentía el hombre más poderoso de la Tierra. Pero ese tiempo no duraba. Y entonces… la ganas de huir era incontenibles. Me enamoré perdidamente.

"Fue tanto amor
Fue tanto amor
Fue tanto, tanto, tanto amor
Que no encuentro un momento pa olvidar
No tengo ganas de olvidar
No doy con el tiempo pa olvidar
No tengo tiempo pa olvidar
Me pierdo en el tiempo pa olvidar
Y es que no hay ganas de olvidar…".

¡Ay!

¡Ay!
Hoy huele a miedo y en cambio
  no oigo ni un perro aullar
Y tú
Sientes la alerta en las calles
  y el aire se tensa ¡ay!
Y ¡ay!
Pesa el silencio que otorga
  cuando habla el acero
Y ¡ay!
¡Ay! ¡Ay!
Hoy que la sangre se afila
  los odios se van a armar

Cada mañana amaso pan de libertad
Que no he de comer
Y si el miedo en mi mano
  fuese un cuchillo
¿Qué he de hacer?
Lo tiraría al mar para siempre...

¡Ay!
Hoy como ayer vuelve el miedo
  y enseña sus dientes y tú
Y tú
Tú y mil costumbres ya hartas las voces
  levantaréis y ¡ay!
¡Ay! ¡Ay!
Marchan serenos los hombres
  que quieren vivir en paz

Cada mañana amaso pan de libertad
Que no he de comer
Y si el miedo en mi mano
  fuese un cuchillo
¿Qué he de hacer?
Lo tiraría al mar para siempre...

Y si el miedo en mi mano
  fuese un cuchillo
Solo un cuchillo
¿Qué he de hacer?
Lo tiraría al mar para siempre...

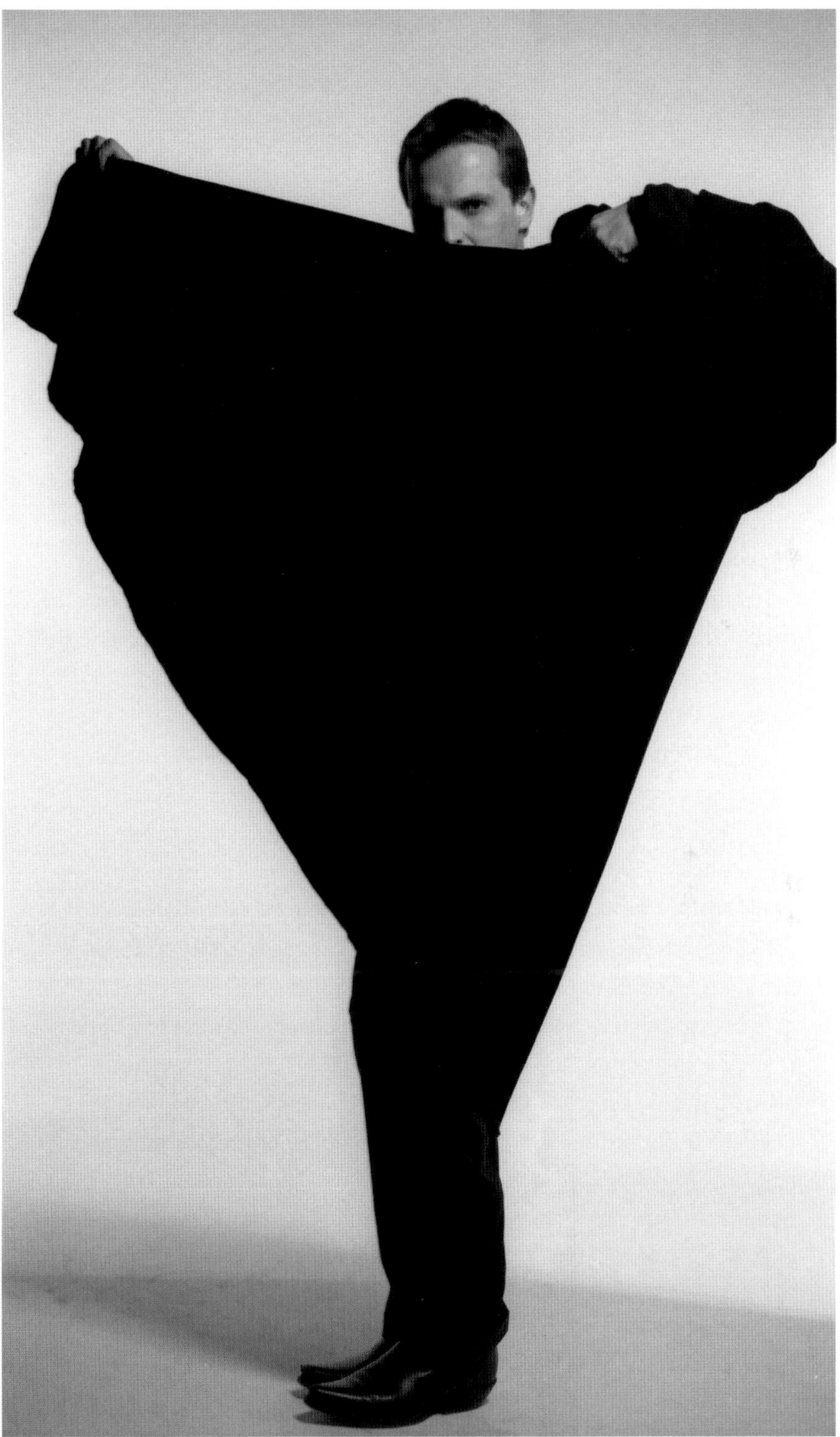

¡Ay!

Cuando escribo este texto los atentados de ETA están convulsionando a España desde hace décadas. Tienen un impacto imborrable en la mente de todos. Los medios internacionales se hacen eco de bombas y masacres, poniendo a España en la lista de los países más inseguros y peligrosos. El ciudadano de a pie vive en constante alerta ya que el terrorismo no discrimina a nadie.

Esta canción habla de eso, y en concreto del miedo. La historia la cuenta un panadero del País Vasco. Arranca el tema con el canto ritual de una chamana en hindi, queriendo exorcizar al miedo. Como cada mañana, nuestro panadero amasa pan de libertad, y con él sus esperanzas. No se rinde. Ejecuta el mismo ritual cada día, con constancia y determinación.

"¡Ay!" es la onomatopeya del miedo, del susto. Cuando se oye, las carnes se estremecen, la piel se eriza y uno huye a esconderse mirándose a las espaldas. Pero esa mañana, aunque el olor a miedo esté en el aire, los perros no aúllan. Han dejado de hacerlo, también ellos lo sienten. Nada ni nadie escapa. Las calles están desiertas, señal de que algo va a pasar. El ambiente se crispa y es pesado. Tanto silencio y tan prolongado es de mal augurio. Es el que otorgan las armas antes de estallar en conflicto. La calma antes de la tormenta. El odio y la discordia acumulados secularmente por un territorio que no siente hacer parte del reino, ácida y amarga las sangres de sus habitantes, que se arman y organizan clandestinamente para asestar el golpe. Y el aire se tensa, se barrunta violencia.

Como cada mañana, un panadero amasa su «Pan de Libertad» y no alberga esperanzas de poder algún día comerlo, pero no desiste. Desearía que el miedo fuese un cuchillo. Lo lanzaría lejos al mar para que sus aguas lo purificasen, que su profundidad lo engullese y ocultase para siempre.

Se escucha un *"¡Ay!",* y vuelve el miedo. Pero esta vez la actitud de la gente cambia. Esa fuerza que oprime y acobarda se torna en una llena de hartazgo que empuja a la gente a bajar a las calles de forma pacífica, serena y espontánea. Es un ¡BASTA!, una exigencia de término de hostilidades. Un deseo de paz. Esto mismo que solemos ver hasta el día de hoy.

La Paz es un Derecho Humano Universal que se otorga a las personas el mismo día que nacen. Sin embargo, jamás ha sido respetado ni cumplido. Los organismos que deberían garantizarlo están politizados, corruptos y carentes de autoridad. Son instituciones pusilánimes y traidoras. Los Estados, por otra parte, han usado los conflictos como fuentes electorales y nadie tiene interés en ponerles fin. La guerra es negocio, la paz no es rentable.

Los arreglos musicales son tremendamente descriptivos a lo largo de toda la canción y acompañan sensaciones y palabras de forma estrecha. Oímos el cuchillo volar por los aires, cortarlo, al ser lanzado al mar, lo escuchamos, así como la pausa de silencio en sus profundidades. Vemos el confluir de una armada de gente que suma sus voces bajando por las calles. Son decenas de miles de panaderos que amasan su «Pan de Libertad», y que quieren deshacerse del cuchillo del miedo, el que trae sangre y violencia, y tirarlo al mar para siempre.

El deseo, la necesidad de paz, está en el corazón de la gente, lo estuvo y lo estará siempre.

miguel
BOSE
LABERINTO

LABERINTO

(REEDICIÓN)

1996

Este mundo va

El tiempo pasa y no de largo
Y hay quien no se entera que
Somos los mismos envueltos en novedad
Me dices... cambias, sin embargo
Tu entusiasmo sigue ahí
No me has preguntado si me da igual o no
¡oh, no!
¡oh, no!

Amor te escribo y soy testigo
De lo que se pierde y voy
A acostumbrarme, aunque me cueste

Dame al menos un tiempo y que respire
No es un arte fácil prometer
Dame al menos el tiempo de despedirme

Porque en un mundo que va a la velocidad del rayo
Aguanto el vuelo más si me agarro de tu mano
Acompáñame hasta donde pueda llegar
En este mundo que va como la luz del pensamiento
El mérito está en no quedarme en el intento
Y aunque no lo quiera ¿qué duda cabe ya?
Que este mundo va...

Que este mundo va...

Me primavero y me otoño
Me estío y me invierno
Me adapto con serenidad

Dame al menos dos oportunidades
Y tus ojos me verán crecer
Dame al menos un par de posibilidades

Porque en un mundo que va a la velocidad del rayo
Aguanto el vuelo más si me agarro de tu mano
Acompáñame hasta donde pueda llegar
En este mundo que va como la luz del pensamiento
El mérito está en no quedarme en el intento
Y aunque no lo quiera ¿qué duda cabe ya?

Porque en un mundo que va a la velocidad del rayo
Aguanto el vuelo más si me agarro de tu mano
Acompáñame hasta donde pueda llegar
En este mundo que va como la luz del pensamiento
El mérito está en no quedarme en el intento
Y aunque no lo quiera ¿qué duda cabe ya?
Que este mundo va...

Este mundo va
Este mundo va
Este mundo va....

Este mundo va

El tiempo es imparable. Sigue su camino, inexorable, y con él lo arrastra todo, nosotros inclusive. En la cotidianidad, en la vida de pareja, o en el jardín de la casa, lo apreciamos de forma casi imperceptible. El hábito no resalta los grandes cambios, se centra en lo más pequeño. De pronto, la pintura del marco de una ventana, la que se pintó hace años, levemente se escama. Ese detalle se convierte en un accidente terrible que rompe con la estabilidad de tanto tiempo. Ese diminuto rizo parece despegarse de la madera como la ola que precede a un tsunami. El espejo deja de reflejar lo de siempre, para apuntar a lo de golpe. Se convierte en un despreciable chivato. Te cuenta a la cara las nuevas arrugas que, a partir del pasado martes, resulta que se están propagando como si fueran plaga. Los nuevos brotes del magnolio, como los de los rosales, se cuentan por decenas entrando la primavera, aunque no despunten aún lo suficiente. ¿Dónde estuve yo para no reparar en todo esto? ¿En qué estaba distraído?

Percibimos las cosas de manera diferente cuando hay costumbre que cuando no la hay. Aceptamos los cambios más fácilmente si estamos entrenados a ellos que si se dan cada muerte de papa. A menudo, sería conveniente avisar a nuestras parejas, por carta o correo, de las intenciones de cambiar cosas o de cambiarnos. Incluso

pedir permiso por ello. Evitaríamos así cualquier sobresalto que corra el riesgo de romper la tan cómoda monotonía, la que acaba con el amor, incluso con la amistad. Los entusiasmos, por tanto, son cuestionables.

La convivencia aletarga y favorece las miopías. Dejas de ver bien lo que solías ver a la perfección. Tomar decisiones se convierte en una empresa titánica, que más vale no compartir, o de lo contrario se cae en la burocracia del Ministerio de las Ofensas, del que, una vez empapelado, no hay Dios que te libere. Y mucho menos que te disculpe.

Prometer, ese verbo que tan a la ligera se solía poner sobre la mesa, como quien amenaza con un póker, pasa a ser parte de la interminable lista de los deportes de riesgo que, a partir de cierto punto, uno ya no quiere hacer en pareja. Respiramos con cuidado, no sea que nos robemos el aire y al salir de casa para ir a dar un paseo, tendremos que tener sumo cuidado de entonar justamente nuestro «hasta luego», no fuese a ser malentendido por un «adiós para siempre», lo que desataría un drama de tamaña envergadura. Tan importantes fueron en pasado las palabras como hoy los tonos.

Todo esto sucede mientras que el tiempo va. Y lo hace sin licencia por parte de nadie. Está en su naturaleza, y su deber es el de ir. Bienaventurado, pues, quien se le suba a la grupa, y ay de aquel que no alcance a hacerlo. Según va yendo, va agarrando velocidad e inercia. Va a la velocidad de la luz, del rayo, y luego a la del pensamiento, que es infinitamente mayor. No darse cuenta de que no queda más remedio que ponerse a la par de su carrera es de necios. Y lo es de insensatos, el no reconocer que, de la mano de otro, el vértigo se comparte y el aturdimiento resulta menor. En pareja, solidarios y compartiendo, el paso del tiempo es mucho más amable, menos traumático. Es un tema que no debe ser despreciado o te lleva por delante, porque lo queramos o no, este mundo va...

Los que nunca hemos rechazado el progreso, la evolución y transformación de las cosas, entendemos lo necesaria que es la integración de estos aspectos. Sobre todo, el que sucedan de forma natural y no forzada, como pasa con las estaciones. Adaptarse a los cambios no es morir con cada uno de ellos. Es renacer a lo siguiente. Y lo siguiente suele tener raíces en lo ya testado. Es la suma de la quintaesencia de lo sucedido, más los cimientos de lo clásico, más la empírica, más lo visionario. Crecer es crucial, pero debemos entender bien su proceso para integrarlo a medida de cada uno. A cambio, se requieren oportunidades para corresponder justamente al orgullo ajeno y al amor propio.

"Este mundo va" cuenta todo ese proceso, el de lo ineludible, lo insalvable, y de cómo sobreponerse a ello. De cómo repartir la carga entre dos para que sea más ligera. Habla de amor maduro, de complicidad. Habla de cómo el tiempo no cambia las cosas, las transforma, escondiendo en ello un potencial de belleza que puede maravillar, nunca agredir. La fascinación, la sorpresa, se reciben, pues, como regalos, no desagravios. Está en la actitud el poder percibir la fuerza de cada cosa de dos maneras distintas. La una sería la buena. La otra debería de ser la mejor.

Bosè
lo mejor de

LO MEJOR DE BOSÉ

1999

No hay un corazón que valga la pena

No hay un corazón que valga la pena
Ni uno solo que no venga herido de guerra
Y sigo aquí...
Cuánto silencio hay, cuánto silencio no sé...

El tiempo agotado en compases de espera
Dibuja un desierto por dentro y por fuera
Que tira p'atrás a quien logre acercarse hasta aquí
No quiero pasados cargados de impuestos
Ni busco imposibles en cielos abiertos
Pero algo que valga la paz por la que hay que apostar

Amor inmenso y sin herida
Sin historia y a medida
Amor que no haga más preguntas
Preparado a no entender
Amor que mire bien de frente
Suficientemente fuerte
Amor que no busque salida
Y no me cueste la vida

Qualche parola di più...

No hay un corazón que valga la pena
No hay un puto corazón sin carga o problema
Olvídate... no hay un solo corazón.
No hay un corazón que no vaya de pena
No hay un puto corazón en toda esta Tierra
Que dé descanso y no haga preguntas
Olvídate...

Quisiera volar hasta donde te escondes
Contarte de una vez qué razones me rompen
Dejar de echar tanto de menos a tu corazón.
Y quisiera tenerlo, robarlo aunque fuera
Dejar de negar que aún me vale la pena
Aquel corazón que me late dentro de ti

Amor inmenso y sin herida
Sin historia y a medida
Amor que no haga más preguntas
Preparado a no entender
Amor que mire bien de frente
Suficientemente fuerte
Amor que no busque salida
Y no me cueste la vida

Amor inmenso y sin herida
Sin historia y a medida
Amor que no haga más preguntas
Preparado a no entender
Amor que mire bien de frente
Suficientemente fuerte
Amor que no busque salida
Y no me cueste la vida

No hay un corazón que valga la pena

Los corazones que se heredan de otras historias, me refiero a los que sobreviven, nos llegan en tremendo estado. Tras una aparente frescura, vienen heridos de guerra, maltrechos y sangrando aún. Recomponerlos, aliviarlos y sanarlos para que regresen a latir con vida nueva resulta una empresa que cuesta salud y un potosí. Jirones de abandonos, arañazos de disgustos, balazos de traiciones, sablazos de maltratos… y hasta algunos en estado zombi, que se pensaban vivos. La lista de desgracias se haría interminable.

"No hay un corazón que valga la pena" trata de esto y de las condiciones ideales en las que uno estaría dispuesto a abrirle los brazos a un corazón. Pero, en principio, todos ellos quedan tocados y arrastran una herencia con la que se ha de lidiar. Y cuando digo todos, incluyo al mío.

Las relaciones se rompen por infinitas causas. Por un espacio de tiempo, siguen rotas. Un nuevo amor es una escoba, un recogedor, y pegamento de rápido efecto que una mano piadosa decide recomponer. Una vez en la vida, al menos, somos esa mano. Una vez en la vida nos enamoramos de un ente caído en desgracia y ejercemos el «buen samaritanismo».

Los corazones rotos dan muchos problemas. Recomponerlos es una tarea de extrema precisión y paciencia. Al momento de pegar sus piezas, siempre alguna falta. Por mucho que se busque, no aparece.

Y es que, en cada relación, vamos sucesivamente pulverizando partes de nosotros que pasan a ser parte del polvo del Universo y que se pierden para los restos. Sin embargo, y a pesar de las mutilaciones, es posible que puedan volver a tener nueva vida. A la espera de que vuelvan a latir, un silencio.

"No hay un corazón que valga la pena
Ni uno solo que no venga herido de guerra
Y sigo aquí...
Cuánto silencio hay, cuánto silencio no sé...".

El temor a que los errores se repitan, relación tras relación, queda vivo. El escepticismo del que uno se arma cuando alguien nuevo hace sonar la campana es un blindaje que, *a priori,* aparta de un manotazo cualquier intención de volver a tropezar. Esto se transmite y frena a la gente. Se suda y con ello marcas tus confines, las fronteras de tu territorio. Las potenciales intrusiones quedan advertidas. En las señales olfativas van implícitas tus condiciones, como cláusulas de un contrato. Aun así...

"El tiempo agotado en compases de espera
Dibuja un desierto por dentro y por fuera
Que tira p'atrás a quien logre acercarse hasta aquí
No quiero pasados cargados de impuestos
Ni busco imposibles en cielos abiertos
Pero algo que valga la paz por la que hay que apostar...".

El amor que se canta aquí, en los estribillos, es el amor perfecto de corazón perfecto.

Es su decálogo, un manual de instrucciones para el ideal desarrollo de la ideal relación. A saber...

1) Un corazón que sea grande, que todo lo abarque.
2) Un corazón sin traumas, sin herencia dolorosa.
3) Un corazón con un historial en blanco, inmaculado.
4) Un corazón a tan exacta medida que parezca hecho por sastre.
5) Un corazón que no se cuestione nada.
6) Un corazón que no pretenda entenderlo todo.
7) Un corazón que sea puro.
8) Un corazón franco y honesto.
9) Un corazón fuerte y valiente.
10) Un corazón que no huya y me abandone, que no se lleve por delante al mío.

En definitiva... un corazón utopía.

"Amor inmenso y sin herida
Sin historia y a medida
Amor que no haga más preguntas
Preparado a no entender
Amor que mire bien de frente
Suficientemente fuerte
Amor que no busque salida
Y no me cueste la vida...".

Quisiera añadir a todo esto, alguna palabra más, *"... qualche parola di più..."*, porque en lo que se propone aquí arriba, no existe ni el más mínimo atisbo de realidad, que es esta...

"No hay un corazón que valga la pena
No hay un puto corazón sin carga o problema
Olvídate... no hay un solo corazón.

No hay un corazón que no vaya de pena
No hay un puto corazón en toda esta Tierra
Que dé descanso y no haga preguntas
Olvídate...".

En este diálogo entre lo positivo y lo pragmático se da un tira y afloja de argumentos en el que ambas partes parecen tener razón, o podrían tenerla.

En resumen, se concluye de mutuo acuerdo que la experiencia vale la pena, pase lo que pase, y que lo que sea, tenga que ser. Para ello, si es necesario robar un corazón, se roba. Incluso el que tú me robaste, y que aún me late dentro de ti. Eso, antes de echarte de menos, antes de tener que romperme.

"Quisiera volar hasta donde te escondes
Contarte de una vez qué razones me rompen
Dejar de echar tanto de menos a tu corazón.
Y quisiera tenerlo, robarlo aunque fuera
Dejar de negar que aún me vale la pena
Aquel corazón que me late dentro de ti...".

Hacer por hacer

La noche que yo quiero
La pasaba yo en tus ojos
Acechando algún momento
Pa empezar a hacer destrozos

La noche de promesas
Que propones descubrir
Puede ser tan indecente
Que me apuesto lo que no voy a cumplir
No cumplir

La noche de mi vida
Será perra para un loco
Y sabrá si hay que seguirme
O dejarme volar solo

Y me pongo entre tu espada y mi pared...

No sé si hacer o más bien deshacer
Si hacerlo mal o hacerlo bien
Hacer por hacer
Solo pa deshacer lo que nunca sé hacer

No sé si hacer o más bien deshacer
Si hacerlo mal o hacerlo bien
Hacer por hacer
Solo pa deshacer
Solo por deshacer
Nunca hacer por hacer...

La noche que me gusta
No me pide que sea bueno
Y me muerde la manzana
Regalándome el veneno

Esta noche que me pierde
Se resiste a ser mujer
Y conquista mis camisas
Con el tacto de su piel.

Y me pone entre su espada y mi pared...

No sé si hacer o más bien deshacer
Si hacerlo mal o hacerlo bien
Hacer por hacer
Solo pa deshacer lo que nunca sé hacer

No sé si hacer o más bien deshacer
Si hacerlo mal o hacerlo bien
Hacer por hacer
Solo pa deshacer
Lo que nunca sé hacer

Nunca hacer por hacer
Nunca hacer por hacer
Nunca hacer por hacer
Nunca hacer por hacer

No sé si hacer o más bien deshacer
Si hacerlo mal o hacerlo bien
Hacer por hacer
Solo pa deshacer lo que nunca sé hacer
Si hacerlo mal o hacerlo bien
Hacer por hacer
Solo pa deshacer
Lo que nunca sé hacer

Nunca hacer por hacer
Nunca hacer por hacer

Hacer por hacer

En materias de conquista pueden darse varias opciones. La primera y más honorable es la de poner empeño hasta bordar la faena. La segunda, la más técnica, es la de deshacer la faena una vez hecha, quedándonos con la placentera sensación del trabajo impecable. La tercera, la del perdedor, es hacerla mal y a desgana, arrepentidos o frustrados en partida. La cuarta es desconsiderada, y consiste en interrumpirla en seco al segundo de haberla comenzado, dando la espalda. La quinta es sádica, y es la de entrar en faena con el único propósito de desmadejarla, como acto de empoderamiento y placer. La sexta es la conquista del torpe, la de emprenderla a sabiendas de ser incapaz de llevarla a cabo. Y aunque haya muchísimas más, estas son las más comunes. Eso sí..., la desaconsejable es la de ponerse a conquistar a desgana. La de conquistar por conquistar. Esa no conduce a nada, es de necios, de irrespetuosos, y me consta que la vida te la regresa pronto, cobrándote las pérdidas de tiempo.

Nuestro protagonista es un experto conquistador. Embauca con su labia y le ronronea hasta a la más difícil. Sus artes son donjuanescas y tira de halagos y piropos con brillantez. Es gato castizo capaz de encaramarse a los andamios de su propósito para pasar la noche colgado de sus ojos, a la espera de una señal que le dé permiso para empezar a causar averías de las buenas.

"La noche que yo quiero
La pasaba yo en tus ojos
Acechando algún momento
Pa empezar a hacer destrozos…".

Y es tan chulo que reta a su gata a que le ponga el listón bien alto, uno que sea impúdico, para no poder estar a la altura de lo propuesto, y así darse voluntariamente por derrotado. Esto no puede gustarle más a su minina.

"La noche de promesas
Que propones descubrir
Puede ser tan indecente
Que me apuesto lo que no voy a cumplir
No cumplir…".

Luego remata sugiriéndole que la chica de sus sueños, la de su vida, será obscena hasta hacerle perder la cordura, y que sabrá cuándo atarle en corto y cuándo darle rienda suelta. Esa será la que le ponga en serios apuros, entre su espada y la pared, dejando como única vía de escape la de a través de la espada.

"La noche de mi vida
Será perra para un loco
Y sabrá si hay que seguirme
O dejarme volar solo…".

Enumerando maneras de posibles formas de conquistar…

"No sé si hacer o más bien deshacer
Si hacerlo mal o hacerlo bien
Hacer por hacer
Solo pa deshacer
Lo que nunca sé hacer
Nunca hacer por hacer…".

La chica que le engatusa le quiere chico malo, pirata. Le seduce y le tienta, entregándole el dulce veneno de su boca.

"La noche que me gusta
No me pide que sea bueno
Y me muerde la manzana
Regalándome el veneno...".

La dueña de su locura es más que mujer, es gata, y viste su desnudez con las camisas que le roba, en las que deja huella de su olor y suavidad de su piel.

"Esta noche que me pierde
Se resiste a ser mujer
Y conquista mis camisas
Con el tacto de su piel...".

Conquistar es un arte. El arte del juego de las seducciones en el que la naturaleza pone a disposición de las partes todo tipo de despliegues. En los pájaros, los cantos y el plumaje, la ingeniosidad para construir hábitats. En los peces de arrecife, la destreza en el revoloteo y control de las corrientes, el poder de maravillar con sus colores. En los insectos, los olores y tamaños, la fuerza en el combate...

Cada especie dispone de herramientas especializadas. En cuanto al ser humano respecta, tal vez la más poderosa, más allá de posturas y miradas, sea el tono con el que es capaz de sazonar y pausar sus palabras.

sereno bosè

SERENO

2002

Gulliver

En esta noche eterna busco un resto
de mi sol
El mundo que recuerdo vida a vida
como todo, se apagó
Pensar ¿qué pude haber salvado?
Quise ser Gulliver
Y nunca fui Gulliver

En esta noche oscura como siempre
me perderé
Pisando tierra yerma y perseguido
por la voz de lo que sé
Y sé que se me fue la mano
Pero era ya tarde, muy tarde

Y grito herido ¡no!
Un no que estalla en mil pedazos
Un no que cae en el olvido
Inútil, pequeño y perdido
Y grito herido ¡no!
Tan fuerte y tan desesperado
Tan grande solitario y vencido
Inútil, pequeño y perdido
Y grito ¡no! ¡no!

En esta noche oscura ya no cabe posibilidad
De darle vida a nada
Lo que muere para siempre muerto está
Y duele tanto echar de menos
Quise ser Gulliver
Y nunca fui Gulliver

Y grito herido ¡no!
Un no que estalla en mil pedazos
Un no que cae en el olvido
Inútil, pequeño y perdido

Y grito herido ¡no!
Tan fuerte y tan desesperado
Tan grande solitario y vencido
Inútil, pequeño y perdido

Inútil, pequeño y perdido
Perdido
Mi último aullido

Y grito herido ¡no!
Un no que estalla en mil pedazos
Un no que cae en el olvido
Inútil, pequeño y perdido
Y grito herido ¡no!

¡No!
Perdido
Salvado
No salvado

Y grito herido ¡no!
Un no que estalla en mil pedazos
Un no que cae en el olvido
Inútil, pequeño y perdido
Y grito herido ¡no!
Tan fuerte y tan desesperado
Tan grande solitario y vencido
Inútil, pequeño y perdido
Y grito herido ¡no!
Un no que estalla en mil pedazos
Un no que cae en el olvido
Inútil, pequeño y perdido
Y grito herido ¡no!

Gulliver

Quien canta su historia es el último hombre vivo que queda sobre la Tierra.

Es noche eterna. El sol se apagó. Su luz no llega. Probablemente, una densa capa de nubes tóxicas impida que lo haga. Hace muchos, muchos años atrás, hubo una guerra nuclear planetaria que arrasó con la vida en todas sus formas. Mientras busca rastros de un sol que le devuelva algo de esperanza, se cuestiona qué hubiese podido salvar de entre todo lo perdido. Posiblemente nada. El Hombre quiso ser Dios, quiso emular a Gulliver para sentirse todopoderoso, por encima de la Creación, y fracasó. Confundió estatura con grandeza. Se creyó omnipotente, con derecho sobre todas las especies, y causó el fin de la Tierra, su única casa.

"En esta noche eterna busco un resto de mi sol
El mundo que recuerdo vida a vida como todo, se apagó
Pensar ¿qué pude haber salvado?
Quise ser Gulliver
Y nunca fui Gulliver...".

Se lamenta, aunque sabe que es demasiado tarde para arrepentirse. No hay rastro de vida, el suelo es estéril. Vaga, solitario y sin rumbo. En su cabeza, la voz de su conciencia le machaca. A la Humanidad se le fue la mano, y las consecuencias de su arrogancia son ya irreversibles.

"En esta noche oscura como siempre me perderé
Pisando tierra yerma y perseguido por la voz de lo que sé
Y sé que se me fue la mano
Pero era ya tarde, muy tarde...".

Grita con todas sus fuerzas, con toda su rabia, tocado por una soledad devastadora, claustrofóbica. Desgarra su voz con un no que, apenas sale de su garganta, se desintegra. Ni tiene efecto, ni cura, ni calma ni sana. Se pulveriza en la nada más inmediata, cayendo a sus pies. Un grito que no viaja, que nadie oye, que queda sin respuesta. Está solo. Es un grito desesperado, de médula derrotada, de naturaleza vana, sin efecto ni consecuencia.

"Y grito herido ¡no!
Un no que estalla en mil pedazos
Un no que cae en el olvido
Inútil, pequeño y perdido
Y grito herido ¡no!
Tan fuerte y tan desesperado
Tan grande solitario y vencido
Inútil, pequeño y perdido
Y grito ¡no! ¡no!...".

Un canto ritual de tribus originarias resuena en el vacío, como un eco en la noche oscura. Es la voz del Espíritu de la Tierra que vela por su alma.

El hombre sabe que no hay cabida para los milagros, que lo muerto, muerto está para siempre. Echa de menos todo, y es con tremendo dolor que lo hace. La situación en la que ha acabado es angustiosa. Se palpa. Está enterrado en vida.

"En esta noche oscura ya no cabe posibilidad
De darle vida a nada
Lo que muere para siempre muerto está
Y duele tanto echar de menos
Quise ser Gulliver
Y nunca fui Gulliver...".

Vemos como nuestro hombre deambula por los páramos de un planeta sin vida, arrasado y quemado. Sentimos que está al borde la locura, una que jamás será escuchada por nadie, por nadie atendida. Y mientras se aleja, se va haciendo cada vez más pequeño, más diminuto. Él paga por el resto de sus congéneres. Será el único penitente. Vivirá en soledad por el resto de la eternidad. Se castigará al hombre con la inmortalidad, para que sufra las consecuencias de sus actos. Es una especie de Charlton Heston de la original película de *El planeta de los simios*.

Esta imagen apocalíptica es la que el Hombre lleva décadas rondando. Podría darse en cualquier momento, dejar de ser una visión. Cruzar la línea depende tan solo de un pequeño botón rojo.

Mirarte

Tirar p'alante
Hasta que el corazón aguante
Sin que me importe nada ni nadie
Y hasta que pueda
Solo quiero amarte.

Apasionarte
Apasionadamente atarte a mi cintura
No obedecerte, crucificarte y luego mirarte
Mirarte y mirarte, solo mirarte
No hartarme de mirarte
Hasta cansarme, hasta cansarte
Mirarte, solo mirarte.

Amar, amar, amante puedo
De amor amado amarte quiero
Amadamente amor amado y solo amar.

Amar, amar, amarte y luego
Amante sé qué quiero
Amadamente amor amado y solo amar.

Punto y aparte.
Para rimarte y seducirte
Qué no me basta, no es suficiente
Sin demostrarte qué puedo hacer de ti.

Amar, amar, amante puedo
De amor amado amarte quiero
Amadamente amor amado y solo amar.

Amar, amar, amarte y luego
Amante sé qué quiero
Amadamente amor amado y solo amar.

Amar, amar, amante puedo
De amor amado amante quiero
Amadamente amor amado y solo amar.

Solo mirarte...

Mirarte

"Mirarte" fue una sorpresa de canción. Nunca elegida para ser sencillo, fue, sin embargo, detectada por la gente y elevada hasta los primeros puestos del *ranking* de las canciones de mi carrera. Así, sin permiso ni previo aviso.

El texto es tórrido, está cargado de sensualidad, incluso de sexualidad explícita. Habla de lo más insaciable, que es el rapto de la mirada, la que todo engulle, mastica y come. Aquí la mirada ejerce su poder de sinestesia, y le roba funciones al gusto, al paladar y también al tacto. Se propone como un sentido múltiple que abarca varios de ellos, hurtándoles sus capacidades para trasladarlas todas a una sola, la vista, en este caso la mirada.

Mirar no está prohibido, es más, no agrede. Puede que incomode, pero es un ejercicio lícito.

El amante, aquí en este caso, establece primero sus intenciones, su determinación en la relación que no es otra sino la de solo querer amar, cueste lo que cueste y hasta que el corazón aguante, resista, tenga fuerzas...

"Tirar p'alante
Hasta que el corazón aguante
Sin que me importe nada ni nadie
Y hasta que pueda
Solo quiero amarte...".

Y después, apasionar a su amada, hacerla suya, desobedecerla en todo y elevar el acto de amor a niveles de crucifixión, es decir, de total entrega y rendición. Aquí, con la cruz, aparece ese proyecto de convertir el amor en una religión que crea altísimas devociones y, por tanto, esclavitudes. A partir del sometimiento empieza el deseo irrefrenable de contemplar a la amada sin tregua, sin darse ni dar descanso, hasta el límite del agotamiento. Mirar, observar, contemplar, todos ellos verbos que de repente rozan el canibalismo...

"Apasionarte
Apasionadamente atarte a mi cintura
No obedecerte, crucificarte y luego mirarte
Mirarte y mirarte, solo mirarte
No hartarme de mirarte
Hasta cansarme, hasta cansarte
Mirarte, solo mirarte...".

El amante todo lo puede, todo lo quiere, todo lo emprende, de todo es capaz, ya sea por la fuerza de su amor, o por la amabilidad y entrega de su corazón. El amante ama «de amor amado» o «amadamente», pero ama sin límites, y su amor todo lo alcanza...

"Amar, amar, amante puedo
De amor amado amarte quiero
Amadamente amor amado y solo amar

Amar, amar, amarte y luego
Amante sé qué quiero
Amadamente amor amado y solo amar...".

Todos los hombres llevamos dentro un Otello más o menos invasivo, importante. En algunos ocupa casi todo el espacio, en otros es suavizado por cierto romanticismo, la voz de una conciencia que lo mitiga y quita brasas a su fuego. En este párrafo aparece esta versión, la que es filtrada por buenas intenciones y mucho verso...

“ Punto y aparte.
Para rimarte y seducirte
Qué no me basta, no es suficiente
Sin demostrarte qué puedo hacer de ti...”.

En definitiva, el texto de *“Mirarte”* es un texto que manda sobre el todo.

Es un texto que se canta a caballo, con armadura y estandarte, como pensamiento guía en el camino hacia el bastión en el que la dama vive prisionera y aún no sabe que va a ser liberada.

Es un texto de caballería, de pasión noble, de rendiciones y conquistas de corazones. Todo regido y dominado por un solo sentido que todo lo abarca, la mirada, insaciable, determinada y osada.

“Solo mirarte...”.

El hijo del Capitán Trueno

El hijo del Capitán Trueno
Nunca fue un hijo digno del padre
Salió poeta y no una fiera
Hijo de su madre

El hijo del Capitán Trueno
No quiso nunca ser marinero
No se embarcaba en aventuras
Levantaba dudas

El hijo del Capitán Trueno
Tenía un algo que le hacía distinto
Distinto como cada quien es
De lo nunca visto

Y se pasaba horas entre las ballenas
Y se hibridaba solo y siempre con sirenas
Y apoyado en el faro cantaba así...

En el océano me pierdo
Veo el océano y no sé
Tan increíblemente inmenso

Tan respetable
Que no navegaré
No navegaré
No lo navegaré...

El hijo del Capitán Trueno
Tenía al menos un anillo por dedo
Y en cada oreja un pendiente
Sí... pero ¡qué valiente!

El hijo del Capitán Trueno
Tenía fama y mucha pinta de raro
Y a todo el mundo le hizo ver
Que eso no era malo

Y así que le encantaba estar entre
ballenas
Y se especializaba en conquistar sirenas
Y de noche en el faro les cantaba así...

(... canto de ballenas yubartas...)

Y se pasaba horas entre sus ballenas
Con arte seducía a todas las sirenas
Desde lo alto del faro les cantaba
así, así, así...

En el océano me pierdo
Veo el océano y no sé
Tan increíblemente grande
y tan inmenso
Tan respetable
Que no navegaré

En el océano me pierdo
Veo el océano y no sé
Tan increíblemente grande
y tan inmenso
Tan respetable
Que no navegaré
No navegaré
No lo navegaré
No lo navegaré
No lo navegaré...

Tan increíblemente grande
y tan inmenso
Tan respetable
Que no navegaré...

El hijo del Capitán Trueno

"El hijo del Capitán Trueno" es una canción dedicada a mi padre, en concreto a la relación que mantuvimos, llena de desencuentros y de malos entendidos. Es una canción que llega tarde en su intento, pero que pretendía que, donde él estuviera, tuviese claro que lo pasado, pasado estaba, y que no había resentimiento alguno. Es una fábula escrita con cariño e ironía para quitarle hierro a las tensiones que a lo largo de nuestras vidas nos crearon tanto dolor.

Desde muy chico mi afición por la biología marina ocupó todo el espacio libre en mi cabeza. Me apasionó hasta tal punto que durante años no busqué otra literatura que no tuviese que ver con los mares y sus habitantes. Desde los reales hasta los mitológicos. Decidí ser oceanógrafo, así se le llamaba entonces al biólogo marino. Mientras, mi padre no entendía por qué si tanto me gustaban los peces y tener acuarios con míseras carpas rojas, no me gustase pescar. Él quería trofeos, yo especímenes que investigar. Nuestros puntos de vista casi siempre y en casi todos los temas quedaban en las antípodas.

El personaje que interpreto en este tema es el de un joven que ama el mar, capaz de hablar con ballenas, especializado en conquistar sirenas, y con un aspecto físico un tanto extraño. Su forma de vestir, al igual que pasó conmigo, le acarrea muchas críticas, aunque él le quite importancia, explicándole a la gente que todos somos diferentes, lo que no es malo, sino todo lo contrario. Sin embargo, su gusto por los pendientes y anillos levanta sospechas en relación con su sexualidad. Se cuenta que se hibrida con sirenas, un ser mitológico que no es ni hombre ni mujer, es otra cosa. Esto es la referencia en mi autobiografía, de homónimo título, al episodio de mi pérdida de virginidad.

Es valiente a su manera, y eso sí que la gente se lo reconoce.

De carácter soñador y solitario, le gusta subirse al faro, desde el que contemplar el infinito océano azul, inmenso hasta pérdida de vista. Desde su altura, intenta imaginar a qué distancia de allí estará su padre, el gran Capitán Trueno, un hombre imponente y audaz guerrero que surca los siete mares en busca de aventuras, regresando tras largos períodos de ausencia, siempre victorioso. Su padre querría que su hijo fuese igual de valeroso, y que se dedicase a lo que él se dedica. O por lo menos, que fuese igual de viril y vividor. Nada más lejos del carácter de nuestro chico, quien le rebate sin cesar que el océano, por el que siente inmenso respeto, es fuente de otras necesidades. Navegar no es ni nunca será una de ellas.

Apoyado en lo alto del faro, canta con sus ballenas yubartas y le cuenta a su padre quién es su hijo...

Te digo amor

Amor, te digo amor y suena diferente
Amor que pronunciado, en eso se convierte
Y voy más lejos...
Amor que todo entiende y da a todo un sentido
Amor y punto.
Amor, ¿por qué creía que te había perdido?

Amor de mis pecados, dale a la tormenta
Que nadie sepa...
Cueste lo que cueste, duela lo que sienta
Pero así es la vida...
Me cierras tantas puertas, tantas otras me abres
Y no hay salida
Sea lo que quieras, pase lo que nos pase...

No sé, no sé, no sé
Cuánto sabes de mí
Pero dejo que me puedas y permito que me lleves
Poco importa lo que hagas de mí
No sé, no sé, no sé
Qué es lo que quieres de mí
Me cuestionas, me estremeces, que me arrastres o me eleves
Lo importante es lo que hagas de mí
De mí...

Suave, sereno...

Amor querido amor, así se dan las cosas
Que no te mientan
Ni todo son espinas, ni todo son rosas
No te imaginas...
Amor de mis amores, y con esto ya acabo
Así de claro...
Amor, ¿dónde estuviste?, amor, ¿dónde has estado?

No sé, no sé, no sé
Cuánto sabes de mí
Pero dejo que me puedas y permito que me lleves
Poco importa lo que hagas de mí
No sé, no sé, no sé
Qué es lo que quieres de mí
Me cuestionas, me estremeces, que me arrastres o me eleves
Lo importante es lo que hagas de mí

Hay amores que vienen y van
No vuelven a darse en la vida
(Érase una vez la historia de una herida...)
Hay amores y hay un ¡ay amor!
Amor que se lleva la vida
(Érase una vez que quise, que quería...)

Te digo amor

"Te digo amor" está dedicado a la definición de amor por excelencia. Está dedicado al poder creador que tiene su sonido cuando es nombrado. La diferencia entre decirlo y sentirlo hace que simplemente sea o que se dé, que se encarne. Esa fuerza pertenece a la voz del corazón. Se da cuando se está enamorado. Cuando el amor aparece, hace que todo encaje, que todo tome sentido. Solo entonces nos damos cuenta de que no se le puede llamar por otro nombre más que por el suyo propio: AMOR. En su ausencia, se le cree perdido, se piensa que no existe, se le olvida. No es cierto. Simplemente espera a ser llamado desde el corazón, a ser justamente pronunciado para volver a aparecer.

Cuando el amor llega, asoman los pecados. Los más dulces. Son como una caja de bombones y vienen con diferentes rellenos. Los hay con sabor a flores, esos son con los que pecan las emociones. Los hay con sabor a especias, con los que se dejan tentar las palabras, en especial los juramentos y las promesas. Los hay con sabor a cama, irresistibles para la lujuria, la avaricia, la gula y la pereza. Los hay de mil sabores. Según se comen, se regeneran y reponen solos. Es la magia de los pecados.

Pero el arte que el amor más domina, es el Arte de las Puertas. Es un arte muy antiguo. Cuando llega, llama a la tuya. Tú se la abres, él entra y la cierra. A partir de ahí, ese gesto se irá repitiendo en todo.

Abrirás puertas a nuevos conocimientos, pensamientos y lugares, y él te cerrará las que han de dejar atrás de lo que ya no sirve. Es un camino de crecimiento, de adaptación. Supervivencia también. El amor hace y deshace, enseña y esconde. La misma puerta por la que entra es por la que al final saldrá, aunque creas que es otra. El tiempo la lleva a otra parte. Solo eso.

Cuando llega el amor, uno le entrega su voluntad. En adelante hará de ti lo que nunca pensaste que nada o nadie pudiera. Consigue cosas inimaginables. Te cambia. Te hace sentir grande, valiente, invencible. Te rompe y te recompone. Te quita hambre y sueño. Te amansa. Te hace visionario. Te estruja el llanto. Se convierte en plenipotenciario y todopoderoso. Lo único que le pides a cambio es que sea solo tuyo, nada más que tuyo. Y que se apiade de ti.

El amor es querido a cada paso, en cada día. El amor es un viaje del que muy poco se sabe. De él hay mucho escrito, pero con mucho desatino. Casi todas las teorías se fundan en experiencias de alguien multiplicado por muchos, que no dejan de ser personales. No hay dos amores que se parezcan, y hay infinitamente más que cuerpos celestes en todo el Universo.

Cuando, tras un largo tiempo de ausencia, el amor aparece, nos damos cuenta de cuánto le habíamos echado de menos. Le invitamos a que se siente y le ofrecemos un té o un café. Le atiborramos a preguntas y queremos saber dónde se metió, qué fue de él. Su aparición es idéntica a la primera. Nos provoca las mismas sensaciones, aunque sean otras.

Los amores son libres. De pronto llegan como tan pronto se van. Uno de sus atractivos, hay quien lo llama «riesgo», es que son imprevisibles. En general, llegan solos, pero se dan casos en el que han llegado a pares. Incluso por ternas. Un infierno. También son irrepetibles. Todos traen una herida bajo el brazo que al irse te cosen en el lugar de las alas.

Pero solo uno, uno solo, es el que se convierte en inolvidable. A ese se le llama «el amor de mi vida». Cuando lo vives, lo ocupa todo, hasta los sueños. Está hecho de alegría, de entusiasmo y de eternidad. Es el aire que uno respira, el agua que sacia y ahoga todas las penas. Cuando se va, es el puñal que todo atraviesa, incluso el alma. Deja de serlo todo, y pasa a la historia como «el ¡ay! amor de mi vida». Coses su herida para no desangrarte. Con el tiempo desaparece todo dolor y solo queda la cicatriz, que de vez en cuando miras. Le pasas el dedo por encima, notas que no sientes nada, y quedas en paz. Otros amores llegan después, que borran su memoria. La vida regresa poco a poco. Vuelve entera y con más fuerza.

El amor todo lo puede.

Morenamía

Morenamía
Voy a contarte hasta diez
Uno es el sol que te alumbra
Dos tus piernas que mandan
Somos tres en tu cama, tres...

Morenamía
Y el cuarto viene después
Cinco tus continentes
Seis las medias faenas
De mis medios calientes
Sigo contando ahorita...

Bien, bien, bien, bien, bien, bien...

Morenamía
Siete son los pecados cometidos
Suman ocho conmigo
Nueve los que te cobro
Más de diez he sentido...

Y por mi parte sobra el arte
Lo que me das, dámelo, dámelo bien
Un poco aquí y poco ¿a quién?

Cuando tu boca me toca, me pone
  y me provoca
Me muerde y me destroza, toda
  siempre es poca
Y muévete bien que nadie como tú
  me sabe hacer café
Morena gata, ¡ay, me mata!, me mata
  y me remata
Vamos p'al infierno, pon que no sea
  eterno
Suave bien, bien, que nadie como tú
  me sabe hacer café...

Pero cuando tu boca me toca,
  me pone, me provoca
Me muerde y me destroza, toda
  siempre es poca
Y muévete bien, bien, bien
Que nadie como tú me sabe hacer
¡Uf!... ¡CAFÉ!

Bien, bien, bien, bien, bien, bien...

Morenamía
Si esto no es felicidad
Que baje Dios y lo vea
Y aunque no se lo crea
¡Esto es gloria!

Y por mi parte pongo el arte
Lo que me das, dámelo y dalo bien
Un poco así, un poco ¿a quién?

Pero cuando tu boca me toca,
  me pone y me provoca
Me muerde y me destroza, toda
  siempre es poca
Y muévete bien que nadie como tú
  me sabe hacer café
Morena gata, ¡ay, me mata!, me mata
  y me remata
Vamos p'al infierno, pon que no sea
  eterno
Suave bien, bien, que nadie como tú
  me sabe hacer café...

Y es que cuando tu boca me toca,
  me pone, me provoca
Me muerde y me destroza, toda
  siempre es poca
Y muévete bien, bien, bien
Que nadie como tú me sabe hacer...
¡Uf!... ¡CAFÉ!

Bien, bien, bien, bien, bien, bien...

¡Uf!... ¡CAFÉ!

Morenamía

"Morenamía" es posiblemente la canción con más alta carga erótica de todo mi repertorio. Diría incluso más. En varios momentos roza lo porno. Es porno. La sensualidad que desprende alcanza muchos grados Celsius, casi tantos como los que alcanza la lava en el corazón de un volcán. Es muy caliente, arde.

Pero, además, deja mucho espacio a las interpretaciones, lo que la convierte en un arma húmeda, con la que desvariar y mojarse.

"Morenamía" tiene musa inspiradora con nombre, apellido, dirección y número de teléfono. Por razones obvias no desvelaré sus datos. Hoy en día está felizmente casada, tiene familia y una reputación impecable que no puede ser mancillada bajo ningún pretexto. Aunque tampoco pasaría nada. Nos blinda la confianza discreta que entre su matrimonio y yo tenemos, más allá de las correrías pasadas.

"Morenamía" es la historia de una aventura, mitad real, mitad novelada, cuyos personajes fueron directos protagonistas y culpables de este relato húmedo que fluye entre el dato y la elucubración. En realidad, ¿fue o no fue lo que se cuenta? ¿Pudo haber sido o fue mucho más? La verdad, que hace parte de esta historia, permite ser manipulada, aunque aquí y en este caso la verdad es una con la fantasía.

"Morenamía" arranca con un decálogo que sustituye a un querer cantarle las cuarenta a la protagonista. Entre sus diez verdades, la primera, el sol, que se encendía sobre ella y parecía otorgarle toda su luz, su atención. La segunda, las piernas de aquella mujer, las que caminaban por encima de las circunstancias, mandando, como las

botas de Nancy Sinatra. La tercera habla de los tríos en cama que se celestineaban. Luego aparecen los siete pecados capitales, todos ellos y por orden, convenientemente bien pecados y públicamente confesados, a los que añado tres más. Uno de ellos soy yo, el pecador mismo, que este caso es quien se prostituye y cobra. El pago por pecar es el noveno de los pecados, los que, una vez entrados en faena, se multiplican hasta perder la cuenta. Esto habla de las tremendas delicias físicas de aquellas aventuras, en general.

El estribillo enumera las artes de la boca como herramienta de placer. Boca o bocas, todas ellas atareadas en distintas partes del cuerpo, todas ellas proporcionando éxtasis.

La expresión *"toda siempre es poca"* se refiere a la cantidad de centímetros demandados, que nunca parecían ser suficientes. No bastaban, por muchos que fuesen los penetrados. Habla de los momentos previos a la eyaculación, ese punto en el que nada sacia, mientras que el ondular de caderas se hace al galope de golpes salvajes.

"Morenamía", nadie como tú sabe hacerme *"café"* va por las iniciales siguientes: C de coger, A de amar, F de follar, E de empalar.

Así, contentas todas las lenguas españolas en cada uno de sus territorios. Y también de paso, dar crédito al arte de hacer café, un estimulante que a todos levanta y lo levanta todo.

Aquella complicidad, porque sobre todo fue eso, complicidad, fue testigo de tanta bestialidad y barbarie que necesitó una caja fuerte, muy fuerte, que guardara y velara por sus secretos. Fue sellada y de ello, hoy en día, se habla con alegría. No hay otro modo para hablar del sexo duro. Y con descaro. Mucho descaro.

"Morenamía" es gloria bendita, es felicidad. Es el recuerdo bonito de deseos sucios, de aventuras canallas, empapadas de sudor, trasnochadas y arañadas, mordidas y lamidas. Gloria bendita.

"Bien, bien, bien, bien, bien, bien...".

Sereno

He tocado fondo
Y digo hondo y profundo
En las razones movedizas del qué ser
He pisado la cima
De gloria como victoria
Y así me pase, paso a paso seguiré
Sereno... Sereno...
Sereno... Sereno...

Ánima y miseria
Abiertamente salvaje
Inmune más o menos a por qué salvar
De un naufragio antiguo
De un destino hecho vida
Se hará mi imperio contra viento
y voluntad

Ahí, ahí, ahí
Ahí donde se acaba ahí, no sigue ahí
Ahí donde no empieza
Ahí, ahí, ahí
Ahí me duele ahí, ahí, ahí

Príncipe sereno
De serenísimo encanto
Sin tu mitad canalla nunca seré rey
Y moriré callando
O perderé la memoria
Que lo mentido bien feliz mentido está

Ahí, ahí, ahí
Ahí donde se acaba ahí, no sigue ahí
Ahí donde no empieza
Ahí, ahí, ahí
Ahí me duele ahí, ahí, ahí

Ahí, ahí, ahí
Ahí donde no sigue ahí, se acaba ahí
Ahí donde no empieza
Ahí, ahí, ahí
Ahí me duele ahí, ahí, ahí

Sereno... Sereno...
Sereno... Sereno...
Sereno... Sereno...
Sereno... Sereno...

He tocado fondo
Y digo hondo y profundo
En las razones movedizas del qué ser
Y he pisado la cima
De gloria como victoria
Y así me pase, paso a paso seguiré...

Sereno

Esta canción da título al álbum. Fue un autorretrato de la época, de lo que era, de lo que pretendía y de las experiencias de vida vividas hasta el momento. Aún saboreaba las dulzuras del tour *"GIRADOS"* del 2000 con Ana Torroja, me reajustaba de un terrible accidente de coche de dos años antes, y, junto con mi corte de fieles piratas, volvía a las andanzas salvajes de la nocturnidad, las que de hecho nunca abandoné del todo, ni siquiera estando encorsetado y encamado, y con dos vértebras aplastadas. La vida seguía siendo intensa y no quería desperdiciar ni un solo momento.

Para abordar el personaje que cuenta la historia de esta canción, pedí prestado el cuerpo de Hamlet, príncipe de Dinamarca y su más célebre frase, «ser o no ser, esa es la cuestión». *"Sereno"* es una especie de anagrama parcial de ella.

Se revela el juego de palabras...

SERENO... SERÉ NO... SERÉ NO... NO SERÉ... SERÉ NO... SERENO. De esto trata el tema. En esto se basa la idea del texto.

Habla el príncipe Hamlet. En pleno proceso de mutar su dolor en ira, cuenta que ha bajado hasta la hondura más recóndita de los infiernos, los del inframundo del temible Hades, allá donde las dudas pierden al hombre. Que, además, ha culminado la cima más alta de la gloria del Olimpo, coronándose invencible. Así que, ya sea lo que el destino tenga listo para él, nada le impedirá seguir adelante, con la misma inalterable determinación.

"He tocado fondo
Y digo hondo y profundo
En las razones movedizas del qué ser
He pisado la cima
De gloria como victoria
Y así me pase, paso a paso seguiré
Sereno... Sereno...
Sereno... Sereno...".

La sensación que en aquel momento tenía era poderosa. Tirando de recursos varios, había conseguido sobreponerme a las adversidades. Le daba gracias a la vida, retomando la nueva y recién estrenada, con más audacia y riesgos que antes. Los éxitos alcanzados fueron traducidos como laureles de victoria, un premio del destino a mi superación. Me sentía inmortal. Pero el desamor acababa de golpearme bien duro. No conseguía levantar cabeza.

"Ánima y miseria
Abiertamente salvaje
Inmune más o menos a por qué salvar
De un naufragio antiguo
De un destino hecho vida
Se hará mi imperio contra viento y voluntad...".

Recogí los restos del naufragio con el alma hecha jirones, y a partir de la miseria que me sofocaba por dentro me reconstruí. Aquel espíritu indómito hizo de rabia corazón. Pegué cuatro patadas en el fondo del lodo, me impulsé con fuerza y salí a la superficie, a nada de ahogarme. Miré al cielo bien de frente y le dije que preparase las escaleras, que hacia arriba iba. Y así lo hice.

Ahí donde las cosas se acaban, se paran en seco y no siguen. Pierden su inercia y no hay modo de volverlas a arrancar. Se podría, pero costaría un chingo hacerlo. Ahí donde no empiezan, ahí en ese exacto punto de resistencia, es donde más duelen. Frustran. Estas leyes de dinámica, simples y axiomáticas, lo rigen casi todo. Este fue un modo de explicarme, de visualizar y poder entender la voluntad de las cosas, que no ha de ser ni forzada ni cambiada. Déjalas ir.

"Ahí, ahí, ahí
Ahí donde se acaba ahí, no sigue ahí
Ahí donde no empieza
Ahí, ahí, ahí
Ahí me duele ahí, ahí, ahí…".

El serenísimo príncipe, cuya voz me retumbaba en los adentros, habló con la voz del fantasma de su padre, quien le insistía y recordaba que, para ser rey de todos, hay que tener tanta calle como libros. Y si hay más calle que libros, mejor. Ser educado, pero canalla. Esa es la cuestión. El equilibrio del *dandy* corsario. Perderle el miedo a mentir era otro de los temas. Las voces argumentaban que la mentira no tiene por qué ser interpretada como vileza o falsedad. El abuso de ella es deplorable y quita fiabilidad al más honesto y serio de los hombres. A cambio, puede ser de gran uso contra quien miente. Las mentiras que resuelven situaciones sin salida, si dichas y luego calladas, son consideradas armas de supervivencia. Eso sí, todas ellas, tras usarlas, han de ser desechadas, olvidadas, e incluso negadas.

"Príncipe sereno
De serenísimo encanto
Sin tu mitad canalla nunca seré rey
Y moriré callando
O perderé la memoria
Que lo mentido bien feliz mentido está...".

El joven príncipe resuelve su discurso, insistiendo en las mismas palabras con las que lo abrió.

"He tocado fondo
Y digo hondo y profundo
En las razones movedizas del qué ser
Y he pisado la cima
De gloria como victoria
Y así me pase, paso a paso seguiré..."

... SERENO.

miguel
bosé
velvetina

VELVETINA

2005

Ójala ojalá

Ojalá ojalá
Que la pace sia pradva
Vive love, Liebe, l'amour, ljubav
Da tu voz, da tu mano ya

Ojalá ojalá
Che la paz soit infinita
Per tutta la minha vida
Di tu voz de qué mano está

Da tu voz ya
Tu voz que non quiere matar
Da tu voz ya
Che esa voz ya non debe callar
Da tu voz ya
Tu voice que non vuole che amar
Da tu voz ya

And grita no every day
Chaque time mano in mano
No quiero ni un más day
Stesso pain, mismo old daño

Ojalá ojalá
Que la vida tenga pietà
Vive love, Liebe, l'amour, ljubav
Da tu voz, da tu mano ya

Ojalá ojalá
Che la vida sea justa
Forever in nossa vida
En tu voz, en tu mano está

Da tu voz ya
Tu voz que non debe callar
Da tu voz ya
De una vez, pero dala ya
Da tu voz ya
Tu voz che non quiere matar
Da tu voz ya

And grita no every day
Chaque time mano in mano
No quiero ni un más day
Stesso pain, mismo old daño

And grita no every day
Chaque time mano in mano
No quiero ni un más day
Mismo pain, stesso old daño

And grita no every day...

Da tu voz ya
Da tu voz ya
Da tu voz ya
Da tu voz ya

And grita no every day
Chaque time mano in mano
No quiero ni un más day
Stesso pain, mismo old daño

And grita no every day
Chaque time mano in mano
No quiero ni un más day
Mismo pain, stesso old daño

Ójala ojalá

"Ojalá ojalá" es el discurso público de un líder, declamado desde las alturas de su podio. Una canción que, a pesar de la estética inspirada en el constructivismo ruso de su vídeo, y de sus arreglos musicales con apariencia sonora militar, es todo lo contrario. Es una marcha por la Paz.

El hecho de que esté escrita y cantada en varios idiomas —inglés, portugués, francés, español, italiano, alemán, serbio y ruso—, viene a ilustrar la emisión unificada y masiva del discurso, en todos los medios de comunicación de la Tierra. Querría ser un comunicado a través de una supuesta institución planetaria, tipo Naciones Unidas, del proactivismo por la Paz. Es un panfleto amplificado para concienciar a la gente para que se posicione. *"Da tu voz ya"* sería su eslogan, el reclamo de la campaña. Con él, se urge a la población a que tome parte en la movilización para acabar con todos los conflictos. Una estética fría y geométrica para un asunto que es patrimonio de la sangre y del corazón.

Las dos maneras de escribir "OJALÁ", desplazando el acento de la O inicial a la A final es un guiño al "INSHA'ALLAH" del idioma árabe, cuya etimología es común, sea dicho *en passant*. En ambas lenguas significa lo mismo, es decir, «Si Dios quiere», «Dios quiera». Está por la esperanza de que *"...la pace sia pradva...",* que la paz sea cierta, sea verdad.

Se exalta al amor, especia abundante y definitiva en la receta de la Paz, y se lo exalta en varias lenguas para hacer universales sus ingredientes. Se canta que *"... en tu mano está...",* en la de cada quien, el poder de que esa Paz sea duradera, infinita.

Y se incita a gritar *"...no every day, chaque time, mano in mano...",* NO a diario, mano en mano, todos al unísono, en contra de guerras y desgracias desatadas por el hombre. NO a seguir con el mismo sólito dolor padecido a diario, desde hace siglos. NO a seguir preso del mismo odioso bucle.

Que la vida se apiade de nosotros, *"... que la vida tenga pietà...",* es otra de las peticiones. Que entremos en la Era de la Compasión y de la Armonía, del Amor y de la Paz. Y que lo hagamos todos a la de una, solidariamente.

Se arenga a las muchedumbres con el mismo lema repetido hasta la saciedad, para que resuene bien dentro en cada una de las personas, que se arraigue, y para que, junto con la presión de una armada de percusiones telúricas, retumbe en los adentros de cada ciudadano:

"DA TU VOZ YA
TU VOZ QUE NO DEBE CALLAR
TU VOZ QUE NO QUIERE MATAR
TU VOZ QUE NO QUIERE SINO AMAR
DE UNA VEZ PERO DALA YA..."

Según la canción se va armando, escuchamos cómo millones de personas de todo el mundo van uniéndose a la marcha, cantando el mismo eslogan en sus diferentes lenguas. Una marcha imparable.

Ella dijo no

Traicionaron el secreto del amante
Lágrimas que de su pecho
Publicaron que en su corazón
Hay una tormenta de dolor honda
  antigua oscura
Cuyas raíces se hunden en el pozo
De un nombre que aún nadie conoce
Y en el que él cae, cae, cae, cae, cae,
  cae, cae, cae...

Un hombre honesto
  no es más mujer que
Si apartados del mismo vicio
Dan muestras de nobleza
Y de obediencia al vicio

Dada su enfermedad
Causa de algún tormento
Si aún vive es solo porque
La muerte es compasión
La muerte es caridad
La muerte es todo amor
Que más allá de una razón
Siente aún pasión por él

No eches culpa a quien obliga a tu alma
En las tentaciones a hacer lo que
A los demás puede que no guste
O aléjate del fuego ya

Dada tu enfermedad
Causa de algún tormento
Si aún vives es solo porque
La muerte es compasión
La muerte es caridad
La muerte es todo amor
Que más allá de una razón
Siente aún pasión por ti

Y entonces el rey ordenó a sus eunucos
Traed de inmediato a la reina para que
Todos los empresarios ante su belleza
Se rindieran, se rindieran

Y ella dijo no, dijo no, dijo no, dijo
Ella dijo no, dijo no, dijo no así
Y ella dijo no, dijo no, dijo no, dijo
Ella dijo no, dijo no, dijo nunca así

Y entonces el rey ordenó a sus eunucos
Traed de inmediato a la reina para que
Todos los empresarios ante su belleza
Se rindieran, se rindieran

Y ella dijo no, dijo no, dijo no, dijo
Ella dijo no, dijo no, dijo no así
Y ella dijo no, dijo no, dijo no, dijo
Ella dijo no, dijo no, dijo nunca así

Y entonces el rey ordenó a sus eunucos
Traed de inmediato a la reina para que
Todos los empresarios ante su belleza
Se rindieran, se rindieran

Y ella dijo no, dijo no, dijo no, dijo
Ella dijo no, dijo no, dijo no así
Y ella dijo no, dijo no, dijo no, dijo
Ella dijo no, dijo no, dijo nunca así

Ella dijo no

¡Uf!... esto va a ser complicado de explicar. Servíos algo y acomodaos...

El texto tiene dos fuentes: una, *El collar de la paloma*, un bellísimo tratado sobre el amor y los amantes del siglo XI, escrito por Ibn Hazm de Córdoba. La otra, ciertos pasajes de la Biblia.

La historia viene a contar las tribulaciones de un amante que muere de amor. Literalmente. Se desahucia.

Su penar es tan profundo que no consigue ocultarlo. Su corazón se derrama en llanto por su amada, y, para empeorar las cosas, algún traidor ha hecho pública su desgracia. Esta no es reciente. Ha venido padeciendo de hondura desde hace tiempo. Su amada pertenece a otro hombre. Es la favorita del harem de su esposo, quien hace vigilarla de cerca por sus eunucos. Entendemos que es correspondido, pero la dificultad en entablar contacto supone un alto riesgo. Como solían hacer entonces, usan señales. El lenguaje del velo es crucial, así como el de las posturas de cabeza y manos. Lenguaje corporal. Hacen todo lo que pueden por mirarse, por entablar contacto visual, pero el acecho del personal del harem lo hace todo muy difícil.

Ella, por su parte, no le pone las cosas fáciles. Su ardor prima por encima del riesgo. Reincide en las tentaciones. En este asunto, el de la fragilidad carnal y emocional, tanto hombre como mujer, en general, son igualmente débiles por naturaleza.

Ambos están bajo sospecha, pero su devoción es firme. De atraparles, nunca negarían lo que hay entre ellos, serían honestos. Son obedientes y leales a su flaqueza. De intentar apartarles o castigarles, estarían dispuestos a todo. Ambos se dejarían matar.

Él lleva mucho tiempo padeciendo en su pasión, y no mejora. No hay visos de que su amor prospere, y cae en barrena por desamor hasta las raíces más profundas del pozo de su mal. Enferma...

Ya a punto de morir, cuando se creía todo perdido, la Muerte se apiada de él. La Muerte ama a los amantes, les envidia. El amor es un sentimiento que la Muerte no tiene en sus registros, y siente tremenda curiosidad por saber cómo funciona, qué lo causa y hasta qué límites puede conducir a los enamorados. Así pues, le salva. Se compadece de él, y junto con su amor intacto, le regresa la vida.

En el siguiente párrafo es el marido de la amante quien da su discurso. Ha notado que algo extraño la turba y la hace ausente. Habiendo llegado a sus oídos rumores de que está enamorada de un sirviente cercano, entra en cólera y le espeta que bien merecido se lo tiene. De no haber querido quemarse, tendría que haber pensado no jugar con fuego. Le dice que, en las tentaciones, nadie más que uno tiene la culpa. No se debe responsabilizar a nadie más. Esto suena a advertencia. La desea demasiado, razón por la que, por ahora, no le corta la cabeza.

El rey, que por encima de todo la ama, le cuenta que la Muerte es compasiva, y que, a pesar de su fama, indulta a los enamorados.

Salva a quien muere de amor para que siga siendo amado por su amante. En este caso, se refiere a él. Es a la vez amante y Muerte. Por encima de todo y a pesar de sus infidelidades, la venera, la quiere y la indulta. Por ahora no debe temer. Sin embargo, urde un plan. Es un castigo, una venganza, una humillación...

La audiencia del rey tiene lugar en esos momentos. Las finanzas del reino necesitan riquezas y ha de convencer a los mercaderes que inviertan en sus negocios. Así que, sin dudarlo y como sumo dueño de su mujer que se considera, manda a sus eunucos a buscar a la reina para traerla ante los comerciantes. Ordena que se vista y enjoye, se haga lo más bella que pueda, para así usarla como cebo de tratos. En definitiva, pretende exhibirla a cambio de conseguir inversiones.

La reina estalla en furias. Se niega a complacer al rey y rechaza ser utilizada como «carne de cambio». Se rebela y dice que no. De esa manera, no. De esa forma y con esos propósitos, nunca.

"Ella dijo no" es una fábula con moraleja. Habla del respeto que el hombre ha de tener hacia la mujer, de escuchar y de acatar sus decisiones. Habla también del sentido de falsa propiedad de un ser sobre otro, algo decididamente injusto e inmoral. Por fin, y sobre todo, quiere dejar claro que el Amor está por encima de la Muerte, que hasta puede con ella. Y no porque sea más o menos poderoso, que sí lo es, sino porque la fascinación que el Amor ejerce sobre todas las cosas, las blinda, alarga su mortalidad, y cautiva hasta al más malévolo.

La tropa del rey

Corre, alerta
La tropa del rey acampa ya
Calla, tiembla
Esconde la voz, apágala

Mala hierba
Maldita ramera, ojalá
Lluevan cuervos
Miserias y penas en tu hogar

Nadie escucha, nadie contesta,
  nada de nuevo.
Nadie habla, nadie responde,
  a nadie le importa.

Duerme y sueña
Que es solo una más, es otra más
Caen estrellas
Terribles y bellas, Dios dirá...

No one hears you, no one would listen
Time to go home now
No one knows much, nobody´s willing
Why don´t you stay home quiet?

Quiet... quiet... quiet... quiet...
Quiet... quiet... quiet... quiet...

*"Hallo, meine Liebe... Wie geht es dir?
  Ja... wie geht es der Kinder... Was ist
  gesehen?... Was ist gesehen?...
  Ja... ja... auf wiedersehen..."*

La tropa del rey

Mi abuela materna, la Nonna Francesca, hablaba mucho de la guerra. Contaba lo terrible que fue, que siempre lo son todas. Pasó por las dos mundiales, primera y segunda. No consiguió jamás quitarse ciertas imágenes de la cabeza. La atormentaban y persiguieron hasta décadas más tarde. Cuando había tormenta y descargaban truenos y relámpagos, se acurrucaba debajo de la cama, pensando que las bombas de los ingleses y alemanes habían regresado. Temblaba como una hoja y sudaba frío. Esta canción retoma aquellos recuerdos, que ella consiguió relatar con tal vividez y fuerza, que aún hoy siguen pareciendo reales.

"La tropa del rey" describe el avance de las tropas alemanas del Tercer Reich. Los vigías de cada pueblo apenas oían el rugir de los *panzer* o el canto de los soldados, hacían correr la voz y la gente huía. Había poco que hacer. Por donde pasaran las milicias, no quedaba atrás más que muerte. Nadie se salvaba. La matanza era indiscriminada. Pueblos y pequeñas ciudades fueron arrasados. La resistencia partisana se encargaba de retener la avanzada, la mayoría de las veces sin éxito.

En los escondites rurales, inmensas madrigueras humanas cavadas en tierra entre la baja maleza, poblaciones enteras se refugiaban. Cayendo la noche, la humedad de los interminables inviernos calaba hasta la médula. Unos contra otros, los cuerpos se hacinaban, enmudecidos y empapados, con hambre de varios días y sin nada que comer para los siguientes. Se contenía la respiración y se aguzaba el oído. El miedo escuchaba voces y crujidos en donde no los había. Nonna Francesca se refería al miedo como un alucinógeno.

En plena guerra, decía, uno piensa que nunca va a acabar. Que lo que llega, viene para quedarse. Entonces, se deja de echar de menos lo que se tuvo, y se empieza a echar de menos lo que se tendrá. Mientras tanto y a la espera, el odio crece. Se maldice todo lo que existe. A los enemigos, primero. Al frío y al hambre, después. Sueñas con que llegue la tibieza de la primavera, pero también piensas que los días serán más largos y que, habiendo más horas de luz, se estará más expuesto. Y luego uno acaba centrando su odio en la misma guerra. Esa hija de puta y puta a la vez. Esa grandísima y maldita ramera, mala hierba a la que se desea que en su propia casa le caigan de lleno todas las desgracias. Que le lluevan cuervos y miserias, ojalá. La guerra es algo que no se quiere para nadie, añadía. Para nadie.

Las llamadas por los escasos teléfonos de manilla eran difíciles de hacerse. Se tardaba mucho, la conexión era deficiente y nadie escuchaba claro lo que se decía. Pero sobre todo, daba la sensación de que a nadie le importaba lo que se estaba viviendo, por lo que se estaba pasando. Era desesperante.

Nonna Francesca me contaba que, en los refugios de Milán sobre los que no paraban de caer bombas, con mi madre dormida en brazos, se repetía incesantemente, «no te preocupes Francesca, es solo una guerra más, otra más como las anteriores...». Mientras, afuera, los aullidos de las sirenas la ensordecían hasta la locura.

Pero nadie parecía escuchar el estruendo de los bombardeos, ni los gritos de pánico de los civiles. La guerra, desalmada y egoísta, se centraba solo en destruir y arrasar. Por microfonía parlante, desde vehículos improvisados que transitaban en medio de los escombros en los raros momentos de tranquilidad, a todos pedían calma, que estuviesen tranquilos. Luego volvía a caer un silencio como una losa. Tocaba abrazarse estrecho y fuerte, y desear que parasen de contar muertos.

Una voz en alemán habla al teléfono y pregunta a su mujer, su querido amor, qué es lo que ve, qué está pasando y si lo niños están bien. Se le oye preocupado. Se despide y cuelga. Entendemos que no volverán a verse.
FIN.

Tu mano dirá

Da sol
Da paciencia
Águame en tierra
Entiérrame ya

No soy
Sola no puedo ser
Dirá
Tu mano dirá

Da luz
Día a día a día
Di tú
O tu mano dirá

Da sol
Da paciencia
Agua
Tu mano dirá

Hay en mí la historia de una sombra tibia y hay
Hay en mi memoria una historia viva
y hay

Nadie daba nada, nadie, nadie y tú, tú,
Nadie imaginaba nada, nadie menos tú

Da sol
Da paciencia
Entierra y águame
Y águame ya

Día
Vida a vida a vida
Diré
Que tu mano da sol

Vive en mí la historia de una sombra tibia y hay
Viva en mi memoria una historia viva y hay

Nadie daba nada, nadie, nadie y tú, tú,
Nadie imaginaba nada, nadie menos tú

Será
Sea lo que sea
Sea
Y así será...

Tu mano dirá

El álbum *"VELVETINA"*, junto con el de *"BANDIDO"*, *"SALAMANDRA"*, *"BAJO EL SIGNO DE CAÍN"*, *"SERENO"* y *"CARDIO"*, es de los más inspirados y creativos de mi carrera. Pero este es especial entre los más especiales.

El tándem creado con Antonio Cortés, para mí uno de los músicos/compositores/productores más brillantes del panorama europeo, dio luz a un trabajo que se salía de toda convención. Durante aquel mano a mano en «La Cuadra» de Somosaguas, fabricamos un material exquisito, audaz e inspiradísimo. Uno de mis contados trabajos que vuelvo a escuchar con sorpresa, y al que regreso siempre. Fue una gran apuesta, distinta a las anteriores, apasionada y obsesiva. Dormíamos poco y la retroalimentación era incesante. Cada uno de los temas fue construido como un LEGO pieza a pieza, con meticulosidad y rigor. Con paciencia. Un trabajo de oficio, puntada a puntada, como el de un sastre, calado a calado, como el de la fina marquetería. Antonio y yo nos fusionamos de tal manera que nos hicimos siameses. Su dirección en las interpretaciones del canto, en su expresión, estuvo a la altura del mejor cine. Hecho mucho de menos aquellos días, meses.

La historia de "*Tu mano dirá*" es la historia de una semilla. La cuenta la semilla, con su voz diminuta.

Escribirla fue todo un reto. Para empezar, tuve que imaginar el timbre de su voz, elegir su octava, con la que más tarde acordar la garganta. Seguidamente traté de escucharla y de traducir su discurso. Descubrí que las semillas, al igual que los Seres Elementales, solo emiten ruiditos, casi inaudibles para el oído humano, a menos que te acerques mucho y le prestes alerta. Son voces suaves que cautivan, de un efecto apaciguador. Es un lenguaje de onomatopeyas, muy básico. En su idioma, lo que se pronuncia, se crea y aparece ante los ojos. No todos los vocablos existen, al menos no tantos como en nuestras lenguas. Así que, no quedaba más que, de entrada, sacar del diccionario once doceavas partes de todas las palabras. Me tardó un siglo cribarlas.

La semilla reposa en el cuenco de mi mano. Tiembla y cautiva mi atención. Vibra como aquellos frijoles habitados que tanto fascinan. Entiendo que quiere comunicar algo. De pronto habla y consigo escuchar su pequeña voz. Me está pidiendo sol, que le otorgue paciencia, que la riegue y que la ponga bajo tierra. Como cualquier semilla sabe que, de no cumplir con esos pasos, nunca podrá llegar a ser lo que la Naturaleza quiere de ella.

Ella sola no puede hacer lo que se le requiere. No tiene ni medios ni herramientas. Entiendo que si yo no la planto, no le doy agua, sol, y presto cuidados, ella nunca llegará a ser nada. Me traslada la responsabilidad de poder cumplir con su tarea. Su destino está en mi mano. En mi mano la decisión entre ser o no ser. Mi mano dirá.

La conexión que siento es muy poderosa. A través de la semilla, sintonizo con la Naturaleza, conecto con frecuencias vibratorias muy altas. Es como un portal de acceso al Universo entero. Voy y la planto...

En el gesto de introducirla en tierra, y como por arte de magia, el milagro sucede ante mis ojos. Se me es permitido acceder al futuro. Como si fuera en un *time lapse* que un fuerte viento desata, la semilla brota, crece, toma altura, tira de tronco, se expande, se abre en paraguas por encima de mi cabeza y, estación tras estación, va creando un mini sistema ecológico con abundancia de vida. Hojas, ramas, frutos, flores, otras semillas, nidos, huecos en su madera, madrigueras entre sus raíces, hábitat de diferentes especies de pájaros, insectos, larvas, pequeños y medianos mamíferos... todo un universo creado a partir de un pequeño gesto, el de empujar con un dedo la semilla bajo tierra. Ese simple espacio de tiempo, el de un impulso por corazonada, creó una inmensa diferencia. Creó vida que trajo y atrajo infinitas otras vidas.

Habla el árbol y reconoce que mi apuesta, cuando nadie daba nada por aquella semilla, ha sido determinante.

A la sombra tibia del árbol estoy sentado. Me hago testigo de la proeza, del potencial nuclear de tan pequeño cuerpo, seco y encerrado en su fina cáscara, una semilla. Si cada uno de nosotros tuviésemos el compromiso, la iniciativa de plantar una semilla de cuando en cuando, ¿qué sería del planeta?, ¿qué cantidad de belleza llegaríamos a crear? Algo diminuto, que un día atrás en el tiempo temblaba de trémula vida, hoy es un mundo, rebosante de paz y de sabiduría, un árbol.

Guardo en mí la memoria de lo hecho, de lo visto y vivido. A la sombra del árbol, conecto con el Todo.

Mi mano es el aliento, es el sol, es la tierra, es el agua y es el aire que dan vida. YO SOY VIDA. Soy cocreador por las facultades que el Gran Arquitecto del Universo me concedió. ¿No es una belleza?

Como conclusión, desde su aguda y fina voz, la semilla me agradece haberla escuchado y ayudado. Me cuenta que, así como sucedió con ella, en todo y en adelante, será lo que mi mano quiera que sea. Que en mi mano está el poder de dar vida.

Que así sea.

Paro el horizonte

Y será si así ha de ser
Vuelvo a no pensar
Y olvidarte no se deja hacer

Aprender, estar, dormir
Son de esas palabras
Que me cuestan mucho hacer sin ti

Donde estoy
No cabe más que un necio
Desesperadamente estoy
Pídeme amor y pídemelo fuerte
Pídelo

Paro el horizonte
Alzo la cabeza
Lanzo la mirada
Busco referencia
Tomo no más aire
Del que necesito
Tardo en devolverlo
Todo en un suspiro
Abro la mirada
Guardo el horizonte
Cierro mi cabeza...

Y será igual no más
Diferente en sí
Y de mutuo acuerdo imaginar

¡Ah!... olvidé decirte que
Vivo que no es
Pero vivo justo frente al mar

Donde estoy
Amor es como un sueño
Amor, es como hacerse Dios
Donde vivo
Alcanzo siempre a verte
Créeme...

Que paro el horizonte
Paro lo que sea
Solo si me ocultas
Tan solo una promesa
Puedo con distancia
Puedo con el tiempo
Tiempo de emociones
Muros y leyendas
Y aunque en tu mirada
No haya un horizonte
Tuyo para siempre...

TRUST ME

Paro el horizonte

Tal vez esta canción, su historia, su texto, sea uno de mis temas favoritos en absoluto del álbum *"VELVETINA"*.

"Paro el horizonte" es una carta. La que le escribo a alguien que sentía lejos y echaba de menos. Es un texto lleno de intenciones sencillas y poéticas en el que relato cómo estoy, lo apacible que es mi existencia lejos de.

"Y será si así ha de ser
Vuelvo a no pensar
Y olvidarte no se deja hacer...".

La cotidianidad de dos, que se interrumpe si hecha por una parte sola, no está exenta de sus pequeñas penas. Las acciones diarias, esos impulsos o reflejos automáticos e involuntarios, como el aprender, el estar o el dormir, acostumbrados a vivir sintonizados con otra presencia, de pronto se hacen cuesta arriba. El amor hecho de minimalismos, el de veras entrañable, es de porcelana fina y transparente, que hasta la luz más crepuscular gusta de calentar. Este amor, el que se escribe en esta carta, lo es.

"Aprender, estar, dormir
Son de esas palabras
Que me cuestan mucho hacer sin ti...".

Fue un amor cercano, plagado de abrazos más que de besos. Era vital olerse y respirarse. No tanto comerse. Su poder, su adictivo, estaba en la piel, y de ella, de ese inmenso y vasto órgano, vasto como el océano, se colgaron las dependencias. La de pedir más…

"Donde estoy
No cabe más que un necio
Desesperadamente estoy
Pídeme amor y pídemelo fuerte…
Pídelo…".

No hay dos partes iguales en el texto, como no hubo dos momentos parecidos en lo que duró aquel sentimiento de amor. Nada de lo que se vivió fue jamás idéntico a lo anteriormente vivido.

Fue imposible, a pesar de las notas recurrentes, poder doblar el tiempo para que dos momentos coincidieran exactos. La belleza estaba en todo y la podíamos palpar.

Para poder llegar a destino, sin tener la sensación de que más avanzaba, más me alejaba, imaginé parar el horizonte. Lo hice desde mi ventana. Una vez visualizado el punto de llegada, cerraba los ojos y encerraba la visión en mi cabeza. Y ahí, seguía imaginando...

"Paro el horizonte
Alzo la cabeza
Lanzo la mirada
Busco referencia
Tomo no más aire
Del que necesito
Tardo en devolverlo
Todo en un suspiro
Abro la mirada
Guardo el horizonte
Cierro mi cabeza...".

Mi amor era sereno, mi amor estaba bien asegurado, no temía. Esa confianza era próspera y desechaba toda frustración. Descartaba incluso urgencias. Me centraba en proponer con qué rellenar los días venideros, con cosas pactadas y acordadas, tal vez. Como discreta tentación, conté que mi vida ocurría frente al mar. Y en el interior de la carta, junto con un toque de brisa, fueron encerradas mis palabras saladas.

"Y será igual no más
Diferente en sí
Y de mutuo acuerdo imaginar

¡Ah!... olvidé decirte que
Vivo que no es
Pero vivo justo frente al mar...".

Recuerdo aquella corta época como muy cercana al cielo. Fue un paraíso. Sentía estar tan cerca de Dios que tomé una breve licencia para suplantarle. Me aislé y no paré de crear, de inventar. Aquel paréntesis frente al mar, amagado entre pinos costeros y genistas deslizándose por rocallas a pique de acantilado, fue un éxtasis. Creí haberme encontrado y haber encontrado mi lugar. Ese lugar era Córcega.

"Donde estoy
Amor es como un sueño
Amor, es como hacerse Dios
Donde vivo
Alcanzo siempre a verte
Créeme...".

La carta termina con el deseo, la intención firme de poder contra todo. Parar el horizonte, parar lo que fuera, superar distancias, superar el tiempo, las emociones, derribar los obstáculos y lo que no está escrito. Todo a cambio de una promesa que quedaba en el aire. La determinación, como acto heroico del amor que todo lo puede, aquí presente.

"Que paro el horizonte
Paro lo que sea
Solo si me ocultas
Tan solo una promesa
Puedo con distancia
Puedo con el tiempo
Tiempo de emociones
Muros y leyendas
Y aunque en tu mirada
No haya un horizonte...".

Aunque este proyecto no nos llevara a más, rubricado y sellado...

"... Tuyo para siempre...".

BOSÉ
CARDIO

CARDIO

2010

Júrame

Jura júrame que esto es pan sagrado
Que no esconde trampa, que no encierra engaño
Que es tan puro y limpio que no causa daño
Júrame hermano, jura júrame

Jura júrame que si toca a olvido
Así nos corten la lengua, así nos maten de frío
Que en cada memoria tú estarás conmigo siempre
Jura júrame

Prohibido hablar, prohibido oír
Prohibido ver, prohibido estar
Prohibido está prohibir
Pro a no matar, pro a respetar
Pro a no humillar ni a nunca herir
Pro acuerdo en eso sí

Que algo pasa siempre que haya voluntad...

Jura júrame por el Santo Delirio
Que no habrá más sangre, que no habrá martirio
Que no habrá más golpes, que no habrá vergüenza
Que no habrá tormento, que no habrá tormenta

Jura júrame por lo que más quieras
Que aquí seguiremos firmes como fieras

Pendidos de un sueño, nunca moriremos
Hasta que paz, descanso, sosiego
Paz, descanso, sosiego
Júrame
Paz, descanso, sosiego
Júrame
Paz, descanso, sosiego
Júrame
Paz, descanso sosiego, paz...

Prohibido está querer sentir, prohibido no a saber fingir
Prohibirse no a mentir
Pro justo es ser pro así de igual
Pro a todo a quien Dios menos da
Pro a desde ya

Que algo pasa siempre que haya voluntad...
Que algo pasa siempre si es que hay voluntad...

Prohibir a no vivir en paz
Por muy que esté prohibido estar
Prohibir no impide amar
Pro a no tener que mendigar
Lo que por ley es natural
Pro no a más mierda ya

Que algo pasa siempre si es necesidad
Que algo pasa siempre que haya voluntad...

Prohibido oír, prohibido hablar
Prohibido ver, prohibido estar
Prohibido ser, prohibido huir
Prohibido dar, prohibido amar

Júrame

El 20 de septiembre de 2009, la fundación Paz Sin Fronteras (PSF), que mi compadre Juanes y yo lideramos en la actualidad, organizó un macroconcierto en la Plaza de la Revolución, en La Habana, Cuba. A él, se calcula que asistieron más de un millón seiscientas mil personas llegadas desde los más recónditos rincones del país. Las autoridades cubanas, que pusieron todos los medios a favor para el buen hacer y fin del concierto, sin embargo, estaban divididas en su seno y en el último momento el concierto estuvo a punto de no suceder. Todos entendieron que, llegados a ese punto, con los más de cuarenta artistas reunidos en la isla, y la presencia de más de seiscientos corresponsales de medios de todo el mundo, no ponerse de acuerdo hubiese supuesto un craso error, un fracaso. Finalmente, *in extremis,* el concierto arrancó.

Los preparativos fueron largos, muy largos y muy complicados. Desde su anuncio en marzo del mismo año, la producción no dejó de toparse con todo tipo de escollos y problemas. La logística y coordinación de los equipos técnicos y humanos enfrentó maniobras bíblicas.

Mientras tanto, nuestras vidas, la de Juanes y mía, se pusieron en riesgo. Recibimos amenazas de muerte y mi compadre tuvo que blindarse en su casa de Miami junto con su esposa Karen, embarazada de su hijo, y el resto de su familia. Fueron meses de angustia en los que ambos tuvimos momentos de flaqueza.

Estuvimos a punto de tirar la toalla varias veces. Pero las llamadas constantes, diarias, consiguieron que el uno diese fortaleza al otro cuando alguno de los dos zozobraba.

Esta canción es el reporte de aquellas conversaciones, en las que debatimos sobre todo lo que tenía que ver con aquel concierto, lo que implicaba y, de paso, con aspectos relacionados con la paz, objeto de nuestra fundación, la política en general, los derechos humanos, etcétera.

En un determinado momento, el juramento de que pasase lo que pasara seguiríamos adelante se hizo imprescindible. Viendo cómo la lista original de artistas se iba cayendo día a día, por los riesgos físicos a que se enfrentaban, no hubo más remedio que plantarse. Nos juramos que, aunque al final solo quedásemos los dos, iríamos a la isla a llevar nuestro mensaje de paz y concordia, la demanda del fin del embargo a Cuba por parte de Estados Unidos, y todo el resto. Vestidos de blanco, guitarra y pandereta en mano, nos visualizamos cantado a pelo en medio de la Plaza de la Revolución en La Habana. Hubo un momento en el que nos quedamos completamente solos, durante meses, hasta recibir la llamada del primer artista que encabezaría la nueva lista de voluntarios, la valiente y espléndida portorriqueña Olga Tañón.

"Jura júrame que esto es pan sagrado
Que no esconde trampa, que no encierra engaño
Que es tan puro y limpio que no causa daño
Júrame hermano, jura júrame...".

El pan sagrado que no esconde trampa ni engaño, que es puro y limpio, es la PAZ. Juanes y yo teníamos la necesidad de estar seguros de que en nombre de ella, iban bien cargados nuestros esfuerzos, y que por ella estábamos dispuestos a izar bandera.

"Jura júrame que si toca a olvido
Así nos corten la lengua, así nos maten de frío
Que en cada memoria tú estarás conmigo siempre
Jura júrame...".

Como expliqué anteriormente, ante las amenazas que padecimos, sentirnos fuertes en el pacto contraído era vital para poder llevar a cabo el proyecto. Decidimos que nadie iba a tumbarlo. Y lo hicimos conscientes de los riesgos que enfrentábamos. En aquellos momentos, en los que comportaban peligros, especialmente físicos, nos dimos cuenta de lo sólido que era nuestro compromiso.

"Prohibido hablar, prohibido oír
Prohibido ver, prohibido estar
Prohibido está prohibir
Pro a no matar, pro a respetar
Pro a no humillar ni a nunca herir
Pro acuerdo en eso sí...".

A pesar de que Paz Sin Fronteras fuese, y sigue siendo, una fundación blanca en origen y *de facto*, era inevitable que cada uno de los activos del concierto no tomase parte en política o en asuntos sociales. Y los hubo de toda especie, me consta. Aquí arriba, un listado de distintos atentados contra los derechos humanos. Prohibiciones y posturas a favor de, y en contra, que levantaron tantas voces como llagas.

"Que algo pasa siempre que haya voluntad...".

Aunque si hay voluntad, y no solo política, las cosas, los cambios, las diferencias, se dan. El problema es que no la hay.

"Jura júrame por el Santo Delirio
Que no habrá más sangre, que no habrá martirio
Que no habrá más golpes, que no habrá vergüenza
Que no habrá tormento, que no habrá tormenta...".

Durante aquellos meses nos tomamos el tiempo para arreglar el mundo. Las interminables charlas de madrugada para mí en Madrid, para Juanes de tarde noche en Florida, se estiraban hasta el desfallecimiento. Estábamos decididos a enderezar lo torcido, pero antes debíamos acordar prioridades. Las enunciadas en el párrafo de arriba, fueron algunas de ellas.

"Jura júrame por lo que más quieras
Que aquí seguiremos firmes como fieras
Pendidos de un sueño, nunca moriremos
Hasta que paz, descanso, sosiego...".

Como si el tajo entre manos no fuera tajo suficiente, alternamos la producción del concierto con acciones de ayuda a presos secuestrados por las FARC. A través de una emisora de radio pactada y permitida, se entró en contacto con ellos, y se pudo mediar en liberaciones y otros favores. Se hizo mucho y se obtuvieron notables resultados. Nos topamos con ingentes cantidades de humanidad. Fue grandioso.

"Prohibido está querer sentir, prohibido no a saber fingir
Prohibirse no a mentir
Pro justo es ser pro así de igual
Pro a todo a quien Dios menos da
Pro a desde ya...".

"Prohibir a no vivir en paz
Por muy que esté prohibido estar
Prohibir no impide amar
Pro a no tener que mendigar
Lo que por ley es natural
Pro no a más mierda ya...".

Y de nuevo más reivindicaciones y posicionamientos. En estas tandas, así como en las anteriores, la palabra "prohibir" manda, mientras que su primera sigla sílaba, "pro", se enfrenta a ella y la desdice o contradice, la frena. Como si el no pronunciarla entera, impidiese la acción. Una sílaba a favor, tres en contra. El juego sonoro que se crea a partir de este ejercicio, resulta potente. "prohibir no impide amar" es una frase contundente que describe las limitaciones de las leyes ante los sentimientos y emociones. No se los puede legislar, y, por tanto, es impensable reprimirlos o censurarlos.

Se podrá encerrar al libre pensador, pero nunca a la libertad, ese es el concepto.

Se cierra la estrofa reclamando y reivindicando el derecho a los derechos naturales básicos, los concedidos a los seres humanos desde el nacimiento, por orden de Ley Común y Ley Natural. La Ley del Hombre. La de Dios. La que no se ejerce.

"Que algo pasa siempre si es necesidad
Que algo pasa siempre que haya voluntad...".

Cuando se requiere, los gobiernos y los Estados, a los que el ciudadano les importa una mierda, dan pequeñas señales de puntual eficacia. ¿Es posible? Lo es, aunque solo sea en apariencia y apunte a algún interés concreto. Pero se da. Se puede.

"Prohibido oír, prohibido hablar
Prohibido ver, prohibido estar
Prohibido ser, prohibido huir
Prohibido dar, prohibido amar...".

Como si con la imagen de los tres famosos monos sabios chinos se tratase, la canción concluye y se encamina, con una serie de negaciones con las que las dictaduras, cada vez más frecuentes, pretenden imponer límites a sus ciudadanos. Esto no va a pasar.

Cardio

No llamemos odio a la arritmia
de lo cardio
Si depende de cuándo
Si depende de dónde
No guardemos castidad con ta tanta
frivolaridad
Si depende de a cambio
Si de cuánto y de con quién
Y no apostemos más maná del maná
que mañana no nos da

No llamemos odio a la arritmia
de lo cardio
Si depende de cuándo
Si depende de dónde
No guardemos castidad con ta tanta
frivolaridad
Si depende de a cambio
Si de cuánto y de con quién
Y no apostemos más maná del maná
que mañana no nos da

Nada es tuyo si es mío, nada mío
que no sea tuyo
Lo que al César del César
Es lo que al Hombre del Hombre
Cada tono en su lugar como en
matemusifísica
Todo tiene su timbre
Todo tiene su nombre
Y no apostemos más maná del maná
que mañana no nos da

A, ante, bajo, cabe, con, contra, de,
desde, en, entre, hacia, hasta, para,
por, según, sin, so, sobre, tras

No quiero lo que no es mío
por muy mucho mío sea lo tuyo
Lo que al César del César
Es lo que al Hombre del Hombre
No me grites por favor
Que en tu boca todo es ruido y peor
Cuando suena en tu timbre
Todo pierde su nombre

No llamemos odio a la arritmia
de lo cardio
Si depende de cuándo
Si depende de dónde
No guardemos castidad con ta tanta
frivolaridad
Si depende de a cambio
Si de cuánto y de con quién.

Ni ADN ni ABC, que si no hay cabeza
pa qué quiero pies...

Nada es tuyo si es mío, nada mío
que no sea tuyo
Lo que al César del César
Es lo que al Hombre del Hombre
Cada tono en su lugar como en
matemusifísica
Todo tiene su timbre
Todo tiene su nombre

No llamemos odio a la arritmia
de lo cardio
Si depende de cuándo
Si depende de dónde
No guardemos castidad con ta tanta
frivolaridad
Si depende de a cambio
Si de cuánto y de con quién.

No llamemos odio a la arritmia
de lo cardio
Todo tiene su timbre
Todo tiene su nombre.

Cardio

El álbum *"CARDIO"* estuvo plagado de nuevos proyectos. Todos de raíz. Una nueva casa estaba en construcción, y, a la espera, viví en un prefabricado diminuto a borde de piscina, en medio del bambú. En ese espacio, junto con mi querido Nicolás Sorin, mi *alter ego* y socio, y junto con veintitrés perros de todas razas que cohabitaban mi cubículo nació *"CARDIO"*.

Se llamó así porque anunciaba el gran proyecto de mi vida: la paternidad. A partir de un punto, el latido de la ecografía de mis hijos, Diego y Tadeo, me acompañó sin cesar.

El tema *"Cardio"* fue la primera lección de escuela que les impartí. En él se apiñan datos elementales de muchas materias.

Ética y civismo, con un toque de anatomía, lógica y relatividad, algo que *a priori* no parece tener conexión, pero que mucho tiene que ver en el fondo, ya lo descubriréis, hijos míos. También tiene mucho

que ver con los errores cometidos en los prejuicios apresurados y superficiales:

"No llamemos odio a la arritmia de lo cardio
Si depende de cuándo
Si depende de dónde...".

Consejos preventivos ante las que puedan ser algunas tomas de decisión precipitadas. Evaluar la situación primero y después resolver. Y nunca vender la piel del oso antes de haberlo matado, o también conocido como pragmatismo:

"... No guardemos castidad con ta tanta frivolaridad
Si depende de a cambio
Si de cuánto y de con quién
Y no apostemos más maná del maná que mañana no nos da...".

Patrimonio y bienes. Dejar bien clara cuál es la postura de uno, en cuanto a la propiedad. Para ello nos remitimos a la historia, fuente inapelable de recursos:

"Nada es tuyo si es mío, nada mío que no sea tuyo
Lo que al César del César
Es lo que al Hombre del Hombre...".

Seguidamente, un rápido vistazo a una teoría en alza que une entre sí a música con matemática y física, asignatura mejor conocida como "*MATEMUSIFÍSICA*". Más tarde, hijos míos, descubriréis que en este apartado tienen mucho que ver la Alta Magia y los Secretos de la Creación. Frecuencias y sonidos. Entramos en territorios de Metafísica:

"... Cada tono en su lugar como en matemusifísica
Todo tiene su timbre
Todo tiene su nombre...".

¡Y cómo no enseñaros de memoria el rosario de piezas que articulan los discursos! Las preposiciones propias, tal y como me fueron grabadas para siempre, aunque hoy ya son más. Un toque de gramática:

"A, ante, bajo, cabe, con, contra, de, desde, en, entre, hacia, hasta, para, por, según, sin, so, sobre, tras...".

Pero lo más importante, más allá de los aprendizajes, más allá de las experiencias de vida, de la buena herencia genética y de la sabiduría, es el saber aplicar lo entendido, lo adquirido. Para eso, hijos míos, tirad del sentido común, el que nace del corazón, el que resuena en la razón, y está por encima de ella. El único sentido que no se tuerce, que nada tuerce. Si no, ¿de qué os servirán los pies, que sin rumbo os guíen?:

"Ni ADN ni ABC, que si no hay cabeza pa qué quiero pies...".

"Cardio" es una lección de vida, divertida y llena de ironía que pretende enseñar sin asustar. La primera lección de papá.

El perro

¿El perro dónde está?
El perro no se encuentra
Cuidao que no se pierda
Allá él, allá...
Y cuando está
El perro no se sienta (¡sit!)
El perro no se acuesta (¡platz!)
Está como sin estar

Y no mueve la cola no obedece a nada
y no atiende a ordenes, te mira y
hace ¡guau!

¿El perro dónde está?
El perro está buscando
A un amo que le entienda
A un amo que le quiera
Y no alguien que
Tan solo y simplemente
Última íntimamente
El ese que en mí ves tú

Y no muevo la cola no me da la gana
ya, no atiendo a nada a menos que no
vuelvas a rascarme de tu mano así,
o hazte a la idea de que...

¡Hey!, nunca tendrás
Nada ya tan bello ni más
¡Hey!, nunca ya más
Nadie ni tan bello jamás

¿El perro dónde está?
Ha desaparecido
Tan harto quedo frío
Y menos mal que...
Si cuando está
Le falta la cabeza
Le aúpas y no pesa
Así como muerto está

Y no mueve la cola no obedece a nada
ya, atiende a poco ni siquiera así le
rasques suavemente solo te mira
a los ojos y recuerda que...

¡Hey!, nunca tendrás
Nada ya tan bello ni más
¡Hey!, nunca ya más
Nadie ni tan bello jamás
¡Hey!, nunca ya más
Nadie ni tan bello jamás

Y dice que...

¡Hey!, nunca tendrás
Nada ya tan bello jamás
¡Hey!, nunca ya más
Nadie ni tan bello jamás
¡Hey!, nunca ya más
Nadie ni tan bello jamás
¡Hey!, nunca ya más
Nadie ni tan bello jamás

No, nunca ya más
No, nunca ya más
No, nunca jamás
No, nunca jamás...

El perro

Esta es una historia muy divertida, llena de guiños y malabares. "*El perro*" es la alegoría del hombre objeto, ese que, en general, se da en parejas en las que ella es la hembra dominante activa y él el mantenido. Tengo muchos amigos que entran en esa categoría y me pareció que necesitaban ser retratados en una canción. Se abre el telón mientras suena un timbre...

Llegando a la casa, la dueña entrega su abrigo y bolso al mayordomo. Mientras retoca peinado y labial, en el espejo del recibidor de su lujosa mansión, pregunta por su consorte. A partir de aquí, repartiré las frases del guion, en el que, además de la mujer esposa ricachona, la DUEÑA, y del MAYORDOMO, aparecen una CRIADA, y el señor de la casa, el hombre objeto, el mantenido, en adelante, EL PERRO.

DUEÑA: *"¿El perro dónde está, Néstor?*

MAYORDOMO: *El Perro no se encuentra, señora...*

DUEÑA: *¡Cuidao que se pierda!... bueno... ¡allá él!... allá con su ¡carácter!...".*

(Mientras sube por las interminables escaleras, sigue hablando con NÉSTOR, y se imagina dándole órdenes en alemán al PERRO, para que se siente y acueste, con las que, en imaginario, EL PERRO cumple sin rechistar).

DUEÑA: *"Y cuando está... EL PERRO no se sienta... (¡sit!)... EL PERRO no se acuesta (¡platz!)... Está... ¡como sin estar!...*

DUEÑA y NÉSTOR (al unísono, habiendo observado lo mismo...): *Y no mueve la cola, no obedece a nada... y no atiende a órdenes... te mira y hace ¡guau!, ¡guau!".*

El MAYORDOMO entra en la cocina. La CRIADA le hace la misma pregunta que la DUEÑA de la casa.

CRIADA: *"¿El perro dónde está?".*

Mayordomo (suspira y contesta): *"... EL PERRO estará por ahí... buscando a un amo que le entienda... a un amo que le quiera...* (perdiendo la paciencia y como mordiéndose los labios para no despotricar)*... y no a alguien que... ¡mejor me callo la boca!".*

(En otro momento, en *flash back,* vemos al PERRO, que está tumbado en la cama, entre rasos y satenes, reprochar a su DUEÑA).

El Perro: *"Y no alguien que... tan solo y simplemente... como última e íntimamente viene siendo... el 'ese' que en mí ves tú... ese perro de compañía... ¡nada más!... Y no muevo la cola, no me da la gana ya... no atiendo a nada a menos que no vuelvas a rascarme de tu mano así...* (hace el gesto de rascarse la cabeza)*... o hazte a la idea de que...".*

(A partir de aquí, la obra de teatro vira a comedia musical. Al unísono y con coreografía, cantan EL PERRO y la DUEÑA, en la habitación de dormir, y el MAYORDOMO y la CRIADA, en la cocina).

El Perro, Dueña, Mayordomo, Criada:

"¡Hey!, nunca tendrás
Nada ya tan bello ni más
¡Hey!, nunca ya más
Nadie ni tan bello jamás...".

Dueña, Mayordomo y Criada *(cantan y se preguntan):*

"¿El perro dónde está?
Ha desaparecido
Tan harto quedo frío
Y menos mal que...

Si cuando está
Le falta la cabeza
Le aúpas y no pesa
Así como muerto está...".

(Seguidamente, los mismos tres, caracterizados en razas de perros diferentes, un afgano, un caniche gigante y un dálmata, miman al PERRO. Es una burla ridícula, bajo focos coloridos):

"Y no mueve la cola, no obedece a nada ya... atiende a poco ni siquiera así le rasques suavemente, solo te mira a los ojos y recuerda que...".

(Se apagan los focos, y funden a un cenital que toma el relevo encendiéndose sobre EL PERRO).

El Perro (sin rencor, líricamente advierte):

"¡Hey!, nunca tendrás
Nada ya tan bello ni más
¡Hey!, nunca ya más
Nadie ni tan bello jamás
¡Hey!, nunca ya más
Nadie ni tan bello jamás...".

Dueña, Mayordomo y Criada (interrumpen al grito de a la vez):

"... ¡Y dice que!...".

De aquí en adelante, los cuatro protagonistas, en formación sobre una escalera, DUEÑA, MAYORDOMO y CRIADA, con sus disfraces de perro, y EL PERRO, en frac de lentejuelas, cantan el *GRAN FINALE,* armonizando sus voces. Desde atrás, y uniéndose a la coreografía, un cuerpo de estupendas y esculturales *soubrettes,* de largas piernas y plumajes extravagantes, irán apareciendo para encumbrar la obra, al más puro estilo Lido.

"... ¡Hey!, nunca tendrás
Nada ya tan bello jamás
¡Hey!, nunca ya más
Nadie ni tan bello jamás...

¡Hey!, nunca ya más
Nadie ni tan bello jamás
¡Hey!, nunca ya más
Nadie ni tan bello jamás...
No, nunca ya más
No, nunca ya más
No, nunca jamás
No, nunca jamás...".

Cae el telón y sobre aplausos, se vuelve a levantar. Saludos de la compañía y FIN.

Todo fue un sueño, todo fue tan solo una representación.

Ayurvédico

Tiquitícalo todo taco a taco
Junta, júntalo a ese mango
Con lo que hay, con no más de lo que hay
Unta úntalo de cayena y menta
Y además sin miedo y con cúrcuma
Que es para el Dalai
Ayurvédico y no más
Ayurvédico y no más
Macéralo, macéralo
Macéralo, macéralo
Macéralo...

Shiquishícalo fino, fino, fino
Pica, pica la paprika con lo que hay
Con no más de lo que hay
(Ayurvédico y no más)
Salpiméntalo con amor y vida
Que ha de ser tan tuya y tan única
No para el Dalai
Ayurvédico y no más
Ayurvédico y no más
Macéralo, macéralo
Macéralo, macéralo
Macéralo...

Hey! Your rice is beautiful
Hey! Your rice is bio
Hey! Your rice is beautiful
Hey! Your rice is bio

Ayurvédico y no más...

Quita, quítalo, quítalo de en medio
Quita, apártalo del fuego
De lo que hay, de no más de lo que hay
(Ayurvédico y no más)
Tapa, tápalo pa que cueza lento
Y además sin miedo a la cúrcuma
Que es para el Dalai
Ayurvédico y no más
Ayurvédico y no más
Macéralo, macéralo
Macéralo, macéralo
Macéralo...

Hey! Your rice is beautiful
Hey! Your rice is bio
(Macéralo, macéralo, macéralo)
Hey! Your rice is beautiful
(Macéralo, macéralo, macéralo)
Hey! Your rice is bio
(Macéralo, macéralo, macéralo)

Ayurvédico y no más...

Tiquitícalo todo taco a taco
Junta, júntalo a ese mango
Con lo que hay, con no más de lo que hay
Unta úntalo de cayena y menta
Y además sin miedo y con cúrcuma
Que es para el Dalai

Ayurvédico y no más...

Ayurvédico

Durante el tiempo que duró la grabación de *"CARDIO"*, a lo largo de la gira *"CARDIOTOUR"*, y como prefacio saludable a la llegada de mis hijos, retomé mis prácticas ayurvédicas. Dieta vegetariana, infusiones de hierbas y especias, *nasias,* yoga, meditaciones, largas sesiones de masaje abhyanga, equilibrio de *doshas*... También los ayunos. Todo esto fue crucial para restablecer las energías dilapidadas durante el proyecto *"PAPITO"*. Todo ello era parte de un reseteo.

La presencia de esta ciencia ancestral, la Ayurvédica, no podía faltar en el álbum. Estaba demasiado presente en mi vida cotidiana como para obviarla. Lo invadía todo. El aire que se respiraba en las zonas habitadas y en el estudio iba cargado de incienso de esencias de maderas y líquenes. Todo olía a especias y el ritual de comidas era lento y largo. Las meditaciones aportaban paz y descanso. El cuerpo, tratado con aceites esenciales tibios o calientes, se sentía beneficiado y lo agradecía.

"Ayurvédico" es un homenaje al Ayurveda, la Ciencia y Sabiduría de la Vida, cuya práctica tiene más de cinco mil años. Una práctica holística que todo cuida y sana: el cuerpo, la mente y el espíritu.

La frase «somos lo que comemos» se evidencia en esta canción y en su texto. Asistimos a una clase de cocina ayurvédica.

El tema comienza con unas pequeñas percusiones, que se entrecruzan y suceden hasta el final, multiplicándose y acentuándose, emulando las acciones de corte, picado y triturado de los alimentos. Sus cadencias van a ilustrar los movimientos de remover y hacer girar los guisos en olla, o el tiempo largo y necesario de maceración para que el perfume de las especias cale en las texturas de los alimentos a condimentar. Pero… ¿qué es esta receta?

Esta receta, que no es la misma que la preparada para el Dalai, pero semejante, es la que uno debe personalizar para tener buena vida. Esto se traduce en gozar de excelente salud física y emocional.

Macerar es sinónimo de darle tiempo a las cosas. Macerar los ingredientes significa dejar que los componentes de una receta interactúen para que haya trasvase de sabores en sus texturas, que la química se haga.

Los rituales que se llevan a cabo en la cocina, tienen pasos precisos y hay que ejecutarlos todos. No puede saltarse ninguno. Las recetas se cumplen solo si se ejecutan con precisión y esmero. Tres elementos son claves: respeto, paciencia y amor. Sin mencionar la calidad de las materias primas, sin las cuales es obvio que ninguna receta puede llegar a su punto óptimo.

Las personas que te rodean en la vida serían esas materias primas, los elementos de tu personal receta. Las emociones vendrían a ser las especias. Todo ello bien mezclado, reposado y cocinado puede darte un buen plato de vida. Es recomendable que la cocción sea hecha a fuego lento. Los ingredientes, como los buenos amigos, responden mejor a largo plazo. Ciertos otros, en cambio, necesitan ser diluidos en el caldo. A veces, por desgracia, no nos damos cuenta de alguno que viene en mal estado, podrido incluso. Se nos cuela. Le pasa hasta a los mejores chefs. Entonces más vale interrumpir el guiso, tirarlo y empezar de nuevo. No nos angustiemos si el plato no está listo a tiempo. Se pide excusa al cliente y punto. Más vale comer bien y tarde que a tiempo y mal.

Si se ingiere un plato en mal estado, lo mejor es vomitar enseguida.

De la misma manera entiendo mi vida. Así pues, esta canción no es solo una receta. Es un sistema, una actitud de vida.

Santo Veneno

Santo Veneno gústame así
Gústame mucho solo y pa mí
Santo Veneno promete y me
Que has de cuidarme hasta morir
Santo Veneno que has de cuidarme a morir

Santo Veneno condúceme
Por el deseo que a mi pesar
Quiero en secreto
Que me daré
Públicamente oblígame
Pégame fuerte
Pégate más que te a mí

Santo Veneno gústame así
Gústame mucho solo y pa mí
Santo Veneno promete y me
Que has de cuidarme hasta morir
Santo Veneno pégame sí
Pégame siempre
Pégame a ti
Pégame fuerte
Pégateme a mí que a ti

Santo Veneno

"Santo Veneno" es una canción durísima con un texto aún más duro. Intencionalmente, Sorin y yo decidimos que debía ser corta, muy corta, y condensada como lo es el veneno. No está incluida en la mayoría de las ediciones de *"CARDIO"*, es un *bonus track*.

"Santo Veneno" habla de la adicción a los malos tratos, un síndrome que se da en ambos géneros, pero que es más común en las mujeres. No parece tener cura y mucho menos alivio. En él entran mecanismos muy complicados, con raíces recónditas, insalvables y tremendamente personalizadas de caso en caso.

"Santo Veneno" es un poema de dolor que cantan dos voces en sus respectivas octavas. La grave es la asignada al hombre, la aguda en falsete, la voz de la mujer. Entablan un diálogo que, aunque sea dicho con las mismas palabras de un mismo discurso, no tiene las mismas intenciones, ni mucho menos el mismo sentido.

"Santo Veneno" tira de muchas licencias en cuanto a lenguaje y métrica. Está llena de dobles sentidos que pretenden subrayar la ambigüedad de quien hace el discurso. Tanto cuando el hombre habla como cuando lo hace la mujer, como cuando ambos hablan de lo mismo. Entonces adquiere un significado peligroso, como el filo de un cuchillo. Se crea una tensión entre dos pareceres idénticos, pero a la vez opuestos.

"Santo Veneno" viaja por los tonos que, aparentemente dulces y amorosos, esconden violencia sibilina.

"Santo Veneno" pone a sus protagonistas en un cabaret enfermizo. El aire es denso y opiáceo. La pequeña banda que ameniza es un manojo de indeseables. Los personajes que acompañan son malasangres. Un ambiente sórdido, como la relación misma que ata a nuestra pareja.

"Santo Veneno gústame así
Gústame mucho solo y pa mí
Santo Veneno promete y me
Que has de cuidarme hasta morir
Santo Veneno que has de cuidarme a morir...".

Habla él y arranca declarando sus gustos y exigencias. Establece cuál es su propiedad y cómo le gusta. Ella es y será solo para él y de él. La expresión *"promete y me",* va por «promete y prométeme», licencia poética que incluye en una sola palabra dos deseos, del mismo modo que él la hace suya y la considera parte de sí. La petición que se hacen, la de cuidarse a morir y hasta morir, doblada al unísono por ambas voces y dicha desde ese tono, suena a que no se sabe bien quién va a morir antes. Cuidar de alguien «hasta morir» y «a morir» no son deseos limpios. No se entienden como gestos de amor, sino más bien de posesión.

"Santo Veneno condúceme
Por el deseo que a mi pesar
Quiero en secreto
Que me daré
Públicamente oblígame
Pégame fuerte
Pégate más que te a mí...".

Aquí hay manipulación, dejarse gobernar, conducir de la mano por un sentimiento malsano, el que es a pesar de, no voluntario. Ese que hay que callar, ocultar, y que ambos, a la fuerza, van a dar el gusto de darse. También se entiende como un suplicio, un castigo. Darse algo insinúa violencia. Se piden hacer pública su dependencia, el más alto grado de la arrogancia. Pretende estar por encima de la ley, con luz y taquígrafo. Los malos tratos no se esconden y son demandados. *"Pégate más que te a mí",* es otro juego de sílabas que suplen varias necesidades: «pégame más», «pégate a mí», «pégate más que a mí», «pégate más que tú a mí». Todas estas suman el dolor físico y psicológico que ambos se infringen. Pegar y pegarse adquieren los dos sentidos que tiene la palabra en español, el de adherirse a algo o a alguien y el de darse una paliza, atizarse, maltratarse.

En el cabaret, suenan las cuerdas de un *phonofiddle* tísico. Toca una melodía en tonos violáceos, amarillos y verdes, los de los ojos hinchados a golpes.

"Santo Veneno gústame así
Gústame mucho solo y pa mí
Santo Veneno promete y me
Que has de cuidarme hasta morir
Santo Veneno pégame sí
Pégame siempre
Pégame a ti
Pégame fuerte
Pégateme a mí que a ti...".

Habla ella. Declara que lo que tienen le gusta mucho y que le gusta así y como lo tienen. Se la escucha forzada, como si quisiera complacerle ante la gente. Inmediatamente y a contrapié, entra él doblando su discurso. Se les oye falsos, mal acordados. Hay mucha sumisión en el discurso. Mucha esclavitud. Mucha dependencia. Mucha adicción. Los juegos de palabras incomodan y los maltratos se piden a voces. Hablan de su amor como de una enfermedad, la de ambos. Están enganchados y lo saben. No lo reconocen.

"Santo Veneno" es la esencia tóxica, causa de la adicción de las parejas que se maltratan.

Él no sabe cómo parar y ella cómo cortar. Una realidad asoladora. Devastadora.

Por ti

Si mi amor es grande
Si mi amor es fuerte
Si de inmenso lo es así
Por ti

Si mi amor es libre
Si mi amor es fiero
Infinitamente lo es
Por ti

Y abriremos puertas
Abriremos más...

Si te echase en falta
Le ataría a un quiero
La distancia entre tu amor
Y mi morir

Te faltase algo
Yo sería ese algo
Lo que no haga yo por ti
Por ti

Y abriremos puertas
Abriremos más
Mientras haya fuerza
Mientras haya fe
En ti

Cuando todo acabe
Como dicen que ¡ay!, sí
En el tiempo yo estaré
Aquí

Sea lo que sea
Lo que tenga que
Que la vida nunca aparte de mi amor
Por ti
Por ti
Por ti

Nada hay tan difícil
Ni tan delicado
Nada como oír decir
Por ti
Por ti

Por ti

"Por ti" es una canción de una extrema sencillez. Es un pequeño poema que nace de las palabras más simples posibles, las más básicas, con la intención de ser entendida a la primera escucha. No tiene reveses, no dobles sentidos, no lleva nada oculto entre líneas. Nada de todo eso. Es directa y limpia.

Es la oración a un amor escrita desde un corazón. Habla de entrega, de devoción, de la fuerza de hacerlo todo por la persona amada. Es un vuelo.

Habla de cuánto uno es capaz de hacer por alguien, del poder que se tiene para emprender cualquier hazaña o reto. De lo que es uno es para el otro. La fe en alguien abre puertas, va más allá.

Pero también habla de la hazaña que le supone al acostumbrado a dar, a tener que aprender a recibir. De la misma manera que nos gusta regalar, debemos entender que haya a quien también le guste hacerlo. Es un ejercicio delicado en el que hay que entrenarse con entusiasmo. Así, con esta moraleja, se cierra la canción.

Poco más hay que decir sobre ella. Solo cerrar los ojos, escuchar y sentir.

AMO

AMO

2014

Encanto

Si se le ofende
El amor va y se defiende
Y pone el mundo a sus pies
Como la lava
Lo arrasa todo, apaga
Por donde vino se fue

El amor corre
La sangre y te recorre
Y te abandona al dolor
Revive sombras
Y nada a él sobrevive
No deja rastro ni olor

El amor teje
Sus hilos con el hambre
Que brillan como la miel
Y en el alambre
Y veneno de su baba
Dejas el alma y la piel

Roba en silencio los corazones
Te quita el sueño y soñar no impide
Y hace tuyo ese vértigo lento

Golpea fuerte hasta no sentirle
Inolvidable hasta no sufrirle
Y hace suyo ese íntimo encanto
Ese íntimo encanto

El amor vive
Escondido en la memoria
Donde el amor es piedad
Por cuanto mata
El amor después decide
Cuanto te quita o te da

¿Has ya visto cuánta estrella
Cuántas cosas se hacen bellas
Cuántas si el amor va y se da?
¿Has ya visto cuánta estrella
Cuántas cosas se hacen bellas
Cuántas si el amor va y se da?

Roba en silencio los corazones
Te quita el sueño y soñar no impide
Y hace tuyo ese vértigo lento

Golpea fuerte hasta no sentirle
Inolvidable hasta no sufrirle
Y hace suyo ese íntimo encanto
Ese íntimo encanto

¿Has ya visto cuánta estrella
Cuántas cosas se hacen bellas
Cuántas si el amor va y se da?
¿Has ya visto cuánta estrella
Cuántas cosas se hacen bellas
Cuántas si el amor va y se da?

Golpea fuerte hasta no sentirle
Inolvidable hasta no sufrirle
Y hace suyo ese íntimo encanto

Roba en silencio los corazones
Te quita el sueño y soñar no impide
Y hace tuyo ese vértigo lento

¿Has ya visto cuánta estrella
Cuántas cosas se hacen bellas
Cuántas si el amor va y se da?

Y hace suyo ese íntimo encanto
Ese íntimo encanto...

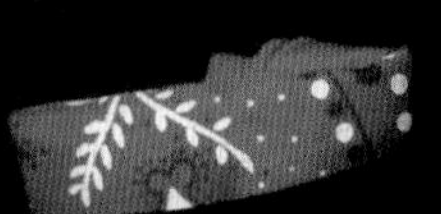

Encanto

"Encanto" cuenta del hechizo que el Rey Amor ejerce sobre las personas. Un encanto poderoso que, como toda magia ancestral, enajena a sus víctimas. El Rey Amor aquí, en este texto, se presenta como un tirano, un embaucador y un manipulador.

Como buen dictador, no permite ni críticas ni ofensas, y reprime con mano dura a cualquier opositor. Sin escrúpulos, es capaz de arrasar con todo como a su paso lo hace la lava. Somete y hace que quien esté en desacuerdo, se doblegue e hinque de rodillas a sus pies. Después, habiendo ya impuesto su ley, desaparece como por encanto.

El Rey Amor corre por las venas y recorre el cuerpo entero. Despierta sospechas y sentimientos ocultos, los saca de la sombra dejándote a su merced, a la del dolor que te provoquen. Y de nuevo, una vez hecho el daño, se esfuma sin dejar pistas.

El Rey Amor es una araña que teje su tela con hilos de su veneno, resplandecientes y apetitosos como la miel o el más sabroso néctar. Lo hace para atraer a los hambrientos de amor que caen en la trampa de su baba pegajosa. En esa telaraña, la que hila el amor, dejas tu alma y todo tu ser.

El Rey Amor, silenciosamente y sin apenas ser notado, roba los corazones desprevenidos. Les crea insomnio y, sin embargo, permite que sigan soñando con él, para así, de forma placentera, hacerlos esclavos de su suave vértigo.

El Rey Amor golpea fuerte hasta entumecer sentimientos y corazón, que pasa de sentirlo todo a no sentir nada. Y sigue golpeando hasta hacerse inolvidable, hasta decir basta.

El Rey Amor hace suyo el íntimo encanto que de ti se apodera, lo invade. Te despoja de todo.

El Rey Amor se refugia en un lugar de la memoria en el que suplanta a la piedad de su hermano, el Rey Piedad. Se hace pasar por él, pero no hay que dejarse confundir. Ahí, en ese reino, se comporta de forma salomónica, y decide darte, a cambio de cuanto en ti mató, la misma cantidad de bondades. Es perverso.

El Rey Amor, sin embargo y a pesar de él, no puede evitar que cuando caigas enamorado bajo su encanto, millones de cosas bellas aparezcan e iluminen tu firmamento, infinitas como estrellas.

El Rey Amor, El Gran Tirano de Corazones, tiene su lado compasivo, como todos los dioses. Al mismo tiempo que mata, crea. A quien se prohíbe, tarde o temprano se entrega. No tiene mucho aguante siendo malo, le puede su lado generoso. Es el Gran Mago que consigue que los momentos más fugaces, esos que golpean y de pronto desaparecen, no lo hagan para siempre, y puedan llegar a durar eternamente en el recuerdo.

El Rey Amor, el Todopoderoso, también tiene su talón de Aquiles.

Libre ya de amores

Será la primavera y aunque nada sea
culpa de las flores
Y pasa el tiempo pasa y lo que pasa,
pasa una y otra vez
Por mucho que en pasado
nos jurásemos sagrado
lo que fuera
De todo lo pasado cuánto queda,
¿cuánto sirve y para qué?

Será que con los años me hecho
inmune a casi todos los pecados
Normal me dé pereza ir al infierno
si entro y salgo a diario de él
Tal vez a estas alturas ya no exista
a las alturas de lo amado
Y sigo aquí sentado a pie de un por si
acaso un puede un pueda que

Y de repente no sé cómo nada siento y
caigo en cuenta que estoy libre
de temores, libre ya de amores

Revivo, tomo aire y el mundo
me responde otra vez
Y de repente no sé cómo nada siento
y caigo en cuenta que estoy libre
de temores, libre ya de amores
Respiro, tomo aire y el mundo se
ilumina otra vez

Libre de temores, libre ya de amores
Libre de temores, libre ya de amores

Será la primavera que florece
la que invade mi alegría
¿O puede algo corriente en un
instante hacerse sobrenatural?
En todo pensamiento voy entero,
va mi amor y va mi abrazo
Y mira si te quise, pero ya por eso
no vuelvo a pasar

Y de repente no sé cómo nada siento
  y caigo en cuenta que estoy libre
  de temores, libre ya de amores
Revivo, tomo aire y el mundo
  me responde otra vez
Y de repente no sé cómo nada siento
  y caigo en cuenta que estoy libre
  de temores, libre ya de amores
Respiro, tomo aire y el mundo se ilumina
  otra vez

Libre de temores, libre ya de amores
Tocando el cielo en los altares
Libre de temores, libre ya de amores
Y mira si te quise y querré

Libre de temores, libre ya de amores
Tocando el cielo en los altares
Libre de temores, libre ya de amores
Y mira si te quise y querré

Y mira si te quise y querré...

Libre ya de amores

Acabar una historia de amor, quitarte de encima de golpe todo lo pasado y vivido, es como llegar de la compra cargado con un montón de bolsas del súper que te cortan los dedos mientras subes a un quinto sin ascensor, abrir la puerta al límite del peso y del dolor, y soltarlas por fin, todas juntas encima de la mesa de la cocina, no en el suelo. Sí, encima del rellano, como último esfuerzo agónico, para no tener que hacer ni un ulterior más. Así me sentí en esta canción. Libre de temores y libre ya de amores, finalmente. Aleluya.

Este texto cuenta con exactitud y mucha ironía, la liberación que tuve el día que di por acabada la historia más larga de mi vida. Una alegría indescriptible, no superada ni por la que me entró cuando supe que había aprobado el bachillerato con un notable raspado en mates. No hubo palabras para describir lo indecible.

Tomar la decisión entrando la primavera fue vital y fue casualidad. Tener la sensación de que, junto con el duro invierno, se abandonaba lo oscuro y frío del corazón, daba un impulso extra. Arrancaba un ciclo nuevo, un renacer en todo, y resultaba más fácil cuestionarse el pasado sin sentir pesar. Del tiempo transcurrido nada servía y, aunque no se tratara de evaluar si compensó o no, era importante saber que lo hecho, bien hecho estaba y a otra cosa, mariposa.

"Será la primavera y aunque nada sea culpa de las flores
Y pasa el tiempo pasa y lo que pasa, pasa una y otra vez
Por mucho que en pasado nos jurásemos sagrado lo que fuera
De todo lo pasado cuánto queda, ¿cuánto sirve y para qué?".

Con el pasar de los años, acabé haciéndome resistente a todas las infamias, a todos los errores. Cuando se me deseaba acabar en el infierno, solía responder sin alterarme que ese era mi domicilio, el jardín de mis cotidianidades. Estaba tan entrenado al fuego, que dejé de quemarme. Pero llegó un punto en que ya no tuve las ganas de pelear, de volver a estar a la altura de lo que amé o fui amado. Aun así, dejé una puerta entreabierta por si acaso.

"Será que con los años me hecho inmune a casi todos los pecados
Normal me dé pereza ir al infierno si entro y salgo a diario de él
Tal vez a estas alturas ya no exista a las alturas de lo amado
Y sigo aquí sentado a pie de un por si acaso un puede un pueda que...".

En el mismo instante de decir hasta aquí, esto se acabó, se hizo la magia. Solté las bolsas en lo alto de la mesa, y respiré hondo una gran bocanada de aire. De inmediato me sentí VIVO y LIBRE de nuevo. Tuve la poderosa sensación de volver a conectar con todo. Los miedos se desintegraron, las preocupaciones desaparecieron. Fue instantáneo. Bastó una sola palabra. NO.

"Y de repente no sé cómo nada siento y caigo en cuenta que estoy libre de temores, libre ya de amores
Revivo, tomo aire y el mundo me responde otra vez
Y de repente no sé cómo nada siento y caigo en cuenta que estoy libre de temores, libre ya de amores
Respiro, tomo aire y el mundo se ilumina otra vez...".

El entusiasmo fue desbordante y la alegría devolvió los colores al entorno, como si la primavera hubiese tenido que ver. La pregunta era si aquello era un milagro o simplemente algo excepcional y duradero.

Ambas respuestas me valían. Eso sí... sin rencores y con todo mi agradecimiento. Ahora... no estaba dispuesto a volver a pasar por lo pasado. Una vez fue suficiente. No tenía intención alguna de ser animal que tropieza dos veces con la misma piedra. Gracias. *Bye.*

"Será la primavera que florece la que invade mi alegría
¿O puede algo corriente en un instante hacerse sobrenatural?
En todo pensamiento voy entero, va mi amor y va mi abrazo
Y mira si te quise, pero ya por eso no vuelvo a pasar...".

Volar quería. Muchas ganas de volar como solía. Pero con el añadido de muchos años de lastre podados de un solo tajo y de golpe. No podía dar crédito. Más tarde habría de pensar y de hartarme a reír, en el temor a dar aquel paso, el de cortar. No dejaba de dar vueltas a lo mucho que fue pospuesto, lo que pudrió mucho lo poco bonito que alcanzaba a recordar. ¡Con lo fácil que resultó! Ahora tocaba retomar riendas, y llegar hasta el cielo para pisar sus altares y en ellos resucitar. La vida había vuelto, y era más bella de cómo la recordaba.

"Libre de temores, libre ya de amores
Tocando el cielo en los altares
Libre de temores, libre ya de amores
Y mira si te quise y querré...".

Amo

Amo cada cosa que nada
Amo cada cosa que vuela
Amo cada idea y pensamiento
Cada sendero aunque acabe
en un desierto

Amo el soplo fuerte del viento
Amo el invierno que cae lento
Amo ese proceso que convierte
Lo original en algo extremo
y diferente

Amo el canto de las ballenas
Amo las medias lunas y llenas
Amo el horizonte e imaginarme
Que abro las alas y hasta él
poder volarme

Y amo aquello que no veo pero intuyo
Amo las cosas que no entiendo
y todo incluyo
Amo creer, querer, saber y preguntarme
Cómo hace el sol para caerse
tras los mares
Y nunca ahogarse

Amo la fiebre que en los amores
Rapta y habita los corazones
Amo las paredes silenciosas
Para clavar en ellas viejas nuevas cosas

Amo pensar que cada palabra
Esconde un poderoso misterio
Amo en general y sin fronteras
Lo inexplicable y todo lo que me supera

Y amo aquello que no veo pero intuyo
Amo las cosas que no entiendo
  y todo incluyo
Amo creer, querer, saber
  y preguntarme
Cómo hace el sol para caerse
  tras los mares
Y nunca ahogarse

Amo todo aquello que no sé
Amo todo lo que no se ve
Y preguntarme...
Amo todo aquello que no sé
Amo todo lo que no se ve
Y preguntarme...
Amo todo aquello que no sé
Amo todo lo que no se ve
Y preguntarme...

Y preguntarme...

Y amo aquello que no veo
  pero intuyo
Amo las cosas que no entiendo
  y todo incluyo
Amo creer, querer, saber
  y preguntarme
Cómo hace el sol para caerse
  tras los mares
Y nunca ahogarse

Amo

"Amo" es una canción que habla del Saber, como decían nuestros mayores. Del Conocimiento por excelencia. Habla de la curiosidad por aprender, de la avidez por descubrir.

Querer conocer, cuanto más mejor, necesitarlo, y ahondar en todo, es una bendición. No todos nacen con esa predisposición. Niño... eres un preguntón, me decían cuando chico. Desde muy temprana edad sentí el arrebato del saber que aún hoy conservo.

En este texto aparecen muchas asignaturas, pasadas y pendientes, que hacen parte del conocimiento universal. Amar ese conocimiento desata la fascinación por todo. Aquí, por ejemplo, la que se da en la metamorfosis de la oruga hasta convertirse en mariposa.

"Amo ese proceso que convierte
Lo original en algo extremo y diferente...".

La curiosidad abre la mente y crea el estado de alerta necesario para recibir todo tipo de información, entenderla e integrarla.

"Y amo aquello que no veo pero intuyo
Amo las cosas que no entiendo y todo incluyo
Amo creer, querer, saber y preguntarme
Cómo hace el sol para caerse tras los mares
Y nunca ahogarse...".

"Amo" es el título que da nombre al álbum y que ya en su portada anuncia el mundo en el que el repertorio se va a mover. Las ciencias naturales, la pintura, la literatura, la astrofísica, las matemáticas, son algunos de los reinos que explora. Esta canción las anuncia.

Lee el texto con atención, desgránalo y súmate al «Club de los Preguntones».

Solo sí

Sopla un viento ligero
Tibio y lleno de paz
Bajo un cielo infinito que cae al mar
Y la noche es tranquila
Como nunca sentí
Y si cierro los ojos sé que acabaré
Pensando en ti

Y hace nada, fue ayer, justo aquí
Me decías verás
Esto ya es para siempre
Juro lo será

Solo sí
Hace tiempo que estoy aquí
Hace mucho estoy solo sí
Respirando a pesar de ti
Hace siglos que sigo aquí
Hace tiempo estoy solo sí
Aleteando frenético
Sobrevivo a pesar de ti
Hace mucho que sigo aquí
Hace un río de lágrimas
Y en las culpas más íntimas
El amor se me va...

Y no sé si conviene
Hacer del corazón
Un refugio sincero, ¿sí o no?
Y ya puestos, si te he de ser sincero
He de confesarte
Esperaba algo nuevo
Un no sé qué

Solo sí
Hace tiempo que estoy aquí
Hace mucho estoy solo sí
Respirando a pesar de ti
Hace siglos que sigo aquí
Hace tiempo estoy solo sí
Aleteando frenético
Sobrevivo a pesar de ti
Hace mucho que sigo aquí
Hace un río de lágrimas
Y en las culpas más íntimas
El amor se me va...

Hace mucho que sigo aquí
Hace un río de lágrimas
Y en las culpas más íntimas
El amor se me va...

Solo sí

La soledad transparente es un gueto. Se está sin estar, se existe sin ser notado. No hay nada más solitario. Va más allá del meramente estar solo. Este texto nos habla de esto. De la verosímil posibilidad de ser un fantasma para la persona querida. Del sentir que hay vida a tu alrededor sin que se advierta tu presencia. Es una realidad que se da. Ha pasado y seguirá pasándole a muchos.

Nada en ello tiene que ver con la costumbre, que todo lo da por hecho. Por hecho que estés, que nunca faltes. Por hecho que, ese día preciso, el del aniversario de tal o tal, en el que nunca fallaste, vayas a de repente fallar, a no sentarte a la mesa. Pero... si estás, es como si no. Y si no estás es como si sí. No, definitivamente no es culpable en esto la costumbre.

Se trata de un apartado en el que se te va confinando a dosis, paulatinamente, porque sucede que el amor de la otra persona le cuenta que puede contar contigo siempre. Tanto para clavar en pared el clavo nuevo que colgar como cuando esté con fiebre. Las primeras veces se topan contigo. Las segundas, se apartan. Y a partir de las terceras veces, te pasan a través, sin reparos ni contemplaciones. Directamente no te ven, no te oyen, no te notan. Desapareces porque la certeza de que siempre estás, estés, difumina. Y poco a poco, capa a capa, en un proceso lento y geológico, pasas a ser paisaje y no parte de él.

Mientras que te sientas a ver la película de la vida de los ajenos, en medio del bullicio, la soledad que te encapsula, mejor conocida por *solitariedad* o *solismo*, te transporta *in situ* a recuerdos sensoriales pasados, llenos de añoranza, de tiempos en los que tenías peso y presencia...

"Sopla un viento ligero
Tibio y lleno de paz
Bajo un cielo infinito que cae al mar
Y la noche es tranquila
Como nunca sentí
Y si cierro los ojos sé que acabaré
Pensando en ti…".

Aisladas de los afectos, las palabras del pasado regresan con fuerza, y las promesas de entonces se tornan en traiciones. Todo se hace hueco, vano…

"Y hace nada, fue ayer, justo aquí
Me decías verás
Esto ya es para siempre
Juro lo será…".

Hasta que se estalla con el corazón en la mano, porque se contesta a la pregunta que de pronto se hace. «¿Qué te pasa… te siento solo?». Entonces se sale de los confinamientos, y con rabia contenida, se habla claro…

"Solo sí
Hace tiempo que estoy aquí
Hace mucho estoy solo sí
Respirando a pesar de ti
Hace siglos que sigo aquí
Hace tiempo estoy solo sí
Aleteando frenético
Sobrevivo a pesar de ti
Hace mucho que sigo aquí
Hace un río de lágrimas
Y en las culpas más íntimas
El amor se me va…".

Llegados a esas alturas de desencanto, no conviene ahondar más en el porqué y en las causas de la resulta. Ni en las secuelas. Mejor evitar ser sinceros. No queremos sorpresas. Dejemos las cosas como están…

"Y no sé si conviene
Hacer del corazón
Un refugio sincero, ¿sí o no?
Y ya puestos, si te he de ser sincero
He de confesarte
Esperaba algo nuevo
Un no sé qué…".

Sentados al borde de la vida en común, vemos pasar ríos de lágrimas, mientras intentamos hacernos notar, aleteando frenéticos, diminutos como el colibrí…

BOSÉ
MTV UNPLUGGED

MTV UNPLUGGED

2016

Estaré

Saben tus manos
Saben tus pies
Tus ojos saben
También tu piel
Quién te quiere bien

Tan diminuto
Y en minuto
Pasas de pez
A quién sabe qué
Se hace el milagro
Y en un instante
Dejo de ser

Y guardada en cada célula hay memoria
Del deseo y del amor que puse en ti

Y siempre estaré muy cerca de ti
Me veas o no me vas a sentir
En cada dudar, en cada temor
Te voy a angelar, te voy a latir
Porque eres mi paz, mi luz y mi sol
Mi fiebre, mi fuerza, mi único amor
Y ahí donde siempre estoy, estaré
En tu corazón siempre ahí estaré
Estaré...

Te echo de menos
Tanto que podría morir
Y sé que tú también
Lo que atan genes se hace eterno
Lo que ate amor se hace ley

Y guardada en cada célula hay memoria
Del deseo y del amor que puse en ti
Y no alcanza tanto cielo a tanta gloria
Que ser parte viva de ti

Y siempre estaré muy cerca de ti
Me veas o no me vas a sentir
En cada dudar, en cada temor
Te voy a angelar, te voy a latir
Porque eres mi paz, mi luz y mi sol
Mi fiebre, mi fuerza, mi único amor
Y ahí donde siempre estoy, estaré
En tu corazón siempre ahí estaré
Estaré...
Siempre ahí estaré
Estaré...
Siempre ahí

Y puedes cambiar
Y puede huir
Negarme y negar
Mentirte y mentir
Tú eres quien parte la parte de mí
Que nunca pensé se fuese a partir
Y mira tus manos
Y mira tus pies
Y mira tus ojos y dime quién ves
Ahí donde estuve
Estoy y estaré
En tu corazón siempre ahí estaré
Estaré...

Dame la mano, ven...

Estaré

"Estaré" es la última canción compuesta, escrita y grabada. Es la única canción original del *"MTV UNPLUGGED"*, último trabajo publicado hasta la fecha. Es una canción dedicada a mis hijos.

La historia nace justo antes de un viaje.

Estaba de gira y cada vez que tenía que irme, se me partía el alma. Dejar a aquellos enanos, aunque fuese solo por unos días, se me hacía insoportable. Tadeo, que desde muy pequeño fue un chico despierto, se daba cuenta del estado en el que entraba. Un día me miró y me dijo, «papá, ve tranquilo, que tú siempre estarás aquí en nosotros», apuntándose al corazón con un dedito. «Pase lo que pase, tú siempre estarás aquí guardado». De inmediato supe que esa frase merecía convertirse en una historia que, así pasen los años, contara lo que siento por ellos.

Todos los padres y madres del mundo estarán de acuerdo conmigo en que la llegada de un hijo te cambia la vida de forma radical. Dejas de ser lo que hasta entonces eras.

"... Y en un instante, dejo de ser...".

El proceso de gestación, largo y plagado de nervios hasta el límite de lo insoportable, es un milagro maravilloso. De ser un pequeño renacuajo de ecografía a hacerse personita, un nada más tarde.

"Tan diminuto
Y en minuto
Pasas de pez
A quién sabe qué
Se hace el milagro".

La genética que se hereda se hace eterna, queda guardada en el ADN, como en un disco duro, y no solo. A todo ello se le añade de inmediato el amor que todo lo puede, que se hace ley, el que vela y protege a los cachorros en la manada. Es una mezcla de olores y sonidos a través de los cuales padres e hijos se conectan e identifican.

"...Lo que atan genes se hace eterno
Lo que ate amor se hace ley...".

"Y guardada en cada célula hay memoria
Del deseo y del amor que puse en ti
Y no alcanza tanto cielo a tanta gloria
Que ser parte viva de ti...".

En el instante en el que recibes un hijo, se abre frente a ti un jardín de emociones totalmente nuevo, uno que nunca antes había aparecido, oculto a los ojos del resto. Hay que vibrar alto, a otro nivel de frecuencias, para que aparezca. Hay que entrar en paternidad. A partir de ese momento, la fragilidad se hace de cada una de tus células. Estás dispuesto a todo, a lo que sea. A matar y a morir. Y es que descubres que tu hijo es tu verdadero amor. Ninguno otro antes, ninguno después. El amor verdadero, el mero, mero.

"Y siempre estaré muy cerca de ti
Me veas o no me vas a sentir
En cada dudar, en cada temor
Te voy a angelar, te voy a latir
Porque eres mi paz, mi luz y mi sol

Mi fiebre, mi fuerza, mi único amor
Y ahí donde siempre estoy, estaré
En tu corazón siempre ahí estaré
Estaré...".

Un hijo es esa nueva parte de ti que nunca pensaste se fuese a partir. Y cuando crezca, dará igual que te niegue, que te mienta o se mienta... lleva tus manos plasmadas en las suyas, moldeadas y exactas. Sus ojos miran con tu mirada, caminan con tus idénticos pasos.

"... Y puedes cambiar
Y puede huir
Negarme y negar
Mentirte y mentir
Tú eres quien parte la parte de mí
Que nunca pensé se fuese a partir
Y mira tus manos
Y mira tus pies
Y mira tus ojos y dime quién ves...".

"Estaré" es un legado, es un pacto, un testamento. Es el Mapa del Tesoro. Guarda las coordenadas precisas con las que poder localizar al Amor de un padre por sus hijos. Gracias a la vida.

Dedicada a todos los padres y las madres del mundo.

Obra editada en colaboración con Editorial Planeta – España

Diseño y maquetación de interior: María Pitironte
Portadas de los álbumes *Miguel, Linda, Chicas, Made in Spain y Bandido* cedidas por cortesía de Sony Music Entertainment España, S. L.
Portadas de los álbumes *Salamandra, XXX, Los chicos no lloran, Bajo el signo de Caín, Laberinto, Lo mejor de Bosé, Sereno, Velvetina, Cardio, Amo y MTV Unplagged* cortesía de Warner Music Spain.

Fotografías de interior: © Marisa Ares: páginas 27, 30, 36, 39, 42, 45, 86; © Francis Montesinos: página 70; © Carlos Somontes: páginas 125, 139, 143, 149, 152, 166, 181, 187, 191, 198, 201, 203, 211, 222, 227, 243, 247, 259 y 264; © Angelo Deligio / MONDADORI PORTFOLIO /Album: páginas 13, 21, 25, 51, 53, 54, 80, 219 y 235; © Gianluigi Sosio / AGE: página 47; © Domingo J. Casas / Album: página 61; © Luciano Viti/Getty Images: página 95; © Alejandro Cabrera: páginas 75 y 111 / Alejandro Cabrera / Album: página 107; © Marka/Eps/ Age: página 115; © Carlo Silvestro / AGE: página 131; © sfgp / Album: página 173; © Fin Costello/Redferns / Getty Images: página 207; © Europa Press / ContactoPhoto: página 270; © Gorka Postigo: página 282; © Olycom - Look/ Look Press / Avalon/Photoshot / AGE: página 287; © Gloria Rodriguez / Contour/ Getty Images: página 250; © Vittoriano Rastelli/Getty Images: página 295; © Quim Llenas/Getty Images: páginas 300 y 305; © MG/EFE: página 315; © Isaac Morell: páginas 333 y 347; © Jennifer Pochat: páginas 273, 276, 310, 338, 358, 364, 371 y 373; © Andrea Santolaya: página 380.

Bajo el sello editorial ESPASA M.R.
Avenida Presidente Masaryk núm. 111,
Piso 2, Polanco V Sección, Miguel Hidalgo
C.P. 11560, Ciudad de México
www.planetadelibros.com.mx

Primera edición impresa en España: octubre de 2022
ISBN: 978-84-670-6656-2

Primera edición impresa en México: noviembre de 2022
ISBN: 978-607-07-9448-3

Impreso en los talleres de Litográfica Ingramex, S.A. de C.V.
Centeno núm. 162-1, colonia Granjas Esmeralda, Ciudad de México
Impreso en México –*Printed in Mexico*